MW01686399
1434
自然科學一本通
圖解世界地理一
幼福
網路兒童書店
www.168books.com.tw
1426
天文奧祕一本通
1432
兒童百科一本通
1410
我會摺紙一本通
1427
兒童作文一本通
1413
初學卡通簡筆畫一本通
1400
昆蟲奧祕一本通
1405
一本通
1402
動物奧祕一本通

成語故事一本通

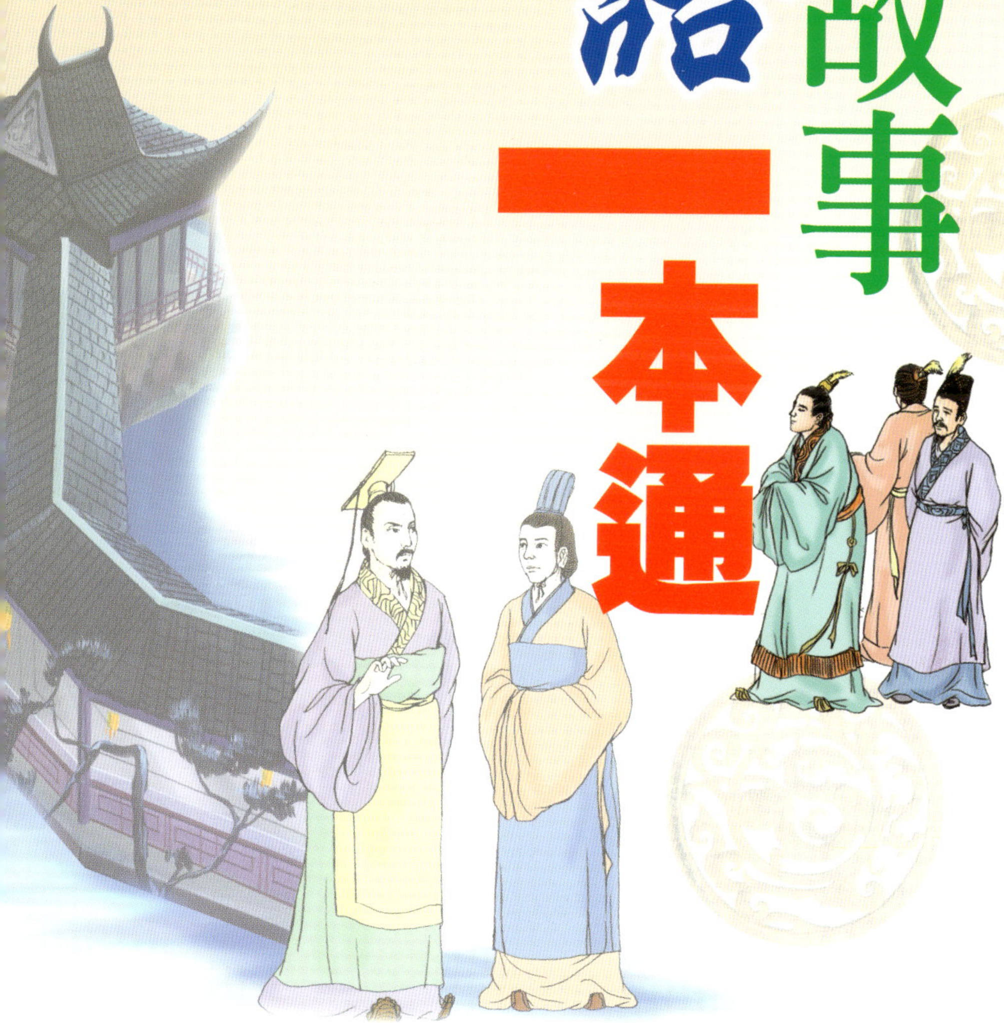

成語故事一本通

目錄

CONTENT

一葉障目 6
一鳴驚人 7
一丘之貉 8
一字之師 10
一鼓作氣 11
一竅不通 12
一諾千金 13
一身是膽 14
一箭雙鵰 15
八仙過海 16
八面威風 18
九牛一毛 19
三人成虎 21
三令五申 22
三顧茅廬 24
口若懸河 25
大義滅親 27
大材小用 28
大逆不道 30
上行下效 31
下筆成章 32
才高八斗 34
千鈞一髮 35
千慮一得 36
亡羊補牢 38
門可羅雀 39
門庭若市 40
開門揖盜 42
開天闢地 43
開卷有益 45
天羅地網 46
天花亂墜 47
天經地義 49
韋編三絕 50
專心致志 52
不入虎穴，焉得虎子 53
不求甚解 54
不學無術 56
不恥下問 57
車載斗量 58
中流擊楫 60
水清無魚 61
水滴石穿 62
水深火熱 63
手不釋卷 64
毛遂自薦 65
登堂入室 67
從容不迫 68
分道揚鑣 69
為虎作倀 71
風吹草動 72
心懷叵測 74
以一當十 75
以卵擊石 77
以逸待勞 78
以身試法 80
以貌取人 81
巧奪天工 82
打草驚蛇 83
功敗垂成 85
世外桃源 86
東窗事發 88

目無全牛 89
嘆為觀止 90
葉公好龍 92
生花妙筆 93
瓜田李下 94
令行禁止 95
樂不思蜀 96
外強中乾 97
鳥盡弓藏 99
半途而廢 100
寧為玉碎，不為瓦全 101
司空見慣 103
出爾反爾 104
對牛彈琴 106
對症下藥 107
老馬識途 108
芒刺在背 110
過河拆橋 111
百尺竿頭 112
百步穿楊 114
百感交集 116
有恃無恐 117
死灰復燃 118
同仇敵愾 120
同甘共苦 121
網開一面 123
先發制人 124
仰人鼻息 124
自相矛盾 126
後生可畏 127
後起之秀 129
眾志成城 130
眾叛親離 131
眾怒難犯 133
殺雞取卵 134
負荊請罪 134
各得其所 136
名落孫山 137
多多益善 139
爭先恐後 140
妄自尊大 142
汗牛充棟 143
汗流浹背 144
江郎才盡 146
守株待兔 147
安然無恙 148
安步當車 149
諱疾忌醫 151
防微杜漸 152
如魚得水 153
如坐針氈 154
拋磚引玉 155
買櫝還珠 156
弄巧成拙 158
投筆從戎 160
走馬看花 161

成語故事一本通

目錄

CONTENT

志在四方 162
邯鄲學步 163
杞人憂天 164
束之高閣 165
兩敗俱傷 167
兩袖清風 168
呆若木雞 170
嘔心瀝血 171
別開生面 172
囫圇吞棗 173
圍魏救趙 174
兵不厭詐 176
伯樂相馬 177
近水樓臺 179
飲鴆止渴 180
言過其實 181
沐猴而冠 183
沉魚落雁 184
完璧歸趙 186
窮兵黷武 187
改過自新 189
孜孜不倦 190
雞鳴狗盜 191
縱虎歸山 192
紙上談兵 194
奉公守法 195
玩物喪志 197
揠苗助長 198
勢如破竹 200
抱薪救火 201
披荊斬棘 203
喪心病狂 204
杯弓蛇影 206
杯水車薪 207
畫龍點睛 208
畫虎類犬 209
畫餅充飢 210
畫蛇添足 212
臥薪嘗膽 213
明珠暗投 214
明察秋毫 216
易如反掌 217
知難而退 219
魚目混珠 220
狐假虎威 222
炙手可熱 223
狗尾續貂 225
夜郎自大 226
廢寢忘食 227
盲人摸象 228
盲人瞎馬 229
鄭人買履 230
捲土重來 231
沾沾自喜 233
怙惡不悛 234

空前絕後 236
空洞無物 237
居安思危 239
孟母三遷 240
項莊舞劍 241
指鹿為馬 243
按圖索驥 244
草菅人命 246
南轅北轍 247
柳暗花明 249
背水一戰 250
臨渴掘井 251
狡兔三窟 253
舉棋不定 255
退避三舍 256
捕風捉影 257
捉襟見肘 259
脣亡齒寒 260
逐鹿中原 261
乘人之危 263
乘風破浪 264
膾炙人口 265
高山流水 267
病入膏肓 268
兼聽則明 269
賓至如歸 271
談虎色變 272
掩耳盜鈴 274
懸梁刺股 275
趾高氣揚 277
庸人自擾 278
鹿死誰手 279
望洋興嘆 280
望梅止渴 282
涸澤而漁 283
驚弓之鳥 285
騎虎難下 286
趨炎附勢 288
鑿壁偷光 289
量體裁衣 290
程門立雪 292
集思廣益 293
懲前毖後 294
道聽塗說 296
強弩之末 297
緣木求魚 299
濫竽充數 300
墨守成規 301
熟能生巧 303
噤若寒蟬 304
黔驢技窮 306
螳臂當車 307
鷸蚌相爭 308
有趣的成語遊戲 310

一葉障目

春秋時期，楚國有個書呆子，家裡很窮。有一天，他在《淮南子》上看到這麼一則故事：螳螂捕蟬的時候，懂得利用樹葉來遮擋自己的身體而輕易的達到目的。

於是，他整天坐在樹下，等著學習螳螂捕蟬。一天，他終於看到一隻螳螂藏在一片樹葉後面伺機捕蟬。他高興極了，剛想去摘那片葉子，不料葉子掉了下來，和地上的很多落葉混在一起。他只好把那些落葉都撿回家，然後一片一片的拿起來遮在眼前，問妻子：「妳看得見我嗎？」妻子說：「看得見。」他就再換一片葉子，妻子仍然說：「看得見。」他一次又一次的問，惹得妻子不耐煩的對他說：「看不見了。」

他高興極了，拿著這片葉子跑到市集上，用葉子遮住眼睛，伸手就去

拿人家的東西，結果被當場抓住。當人們弄清原委後，都笑他：「真是一葉障目，不見泰山啊！」

釋義 比喻被局部或暫時的現象所迷惑，不能認清全部或根本的問題。

近義 兩豆塞耳，不聞雷霆/只見樹木，不見森林

造句 小明的爸爸貪圖蠅頭小利，一葉障目，看不到市場變化，給公司帶來了很大的損失。

成語知識連結

《淮南子》又名《淮南鴻烈》，是西漢初年淮南王劉安召集門客編撰而成的一部論文集，共廿一篇。該書是以道家思想為指導，吸收諸子百家學說，融會貫通而成，是戰國至漢初黃老之學理論體系的代表作。《淮南子》雖然是探討天地自然、宇宙萬物和人間道理的，卻以寓言的形式敘述，令人回味無窮。

一鳴驚人

戰國時期，齊威王繼承王位以後，整天吃喝玩樂，對國家大事毫不關心，有功勞的大臣得不到封賞，幹了壞事的官員也沒受到懲罰。三年過去了，國內的問題越來越多，情況越來越糟，齊國在各鄰國眼中的地位也越來越低。

大臣淳于髡看在眼裡，急在心上。一天，他對齊威王說：「我給您講一個故事吧！從前齊國有一隻大鳥，三年來不飛也不叫，您知道這是什麼鳥嗎？」

齊威王聽出他在藉鳥比喻自己。他立即接著說：「這隻鳥要嘛不飛，

一飛就會直沖九霄；要嘛不叫，一叫就會震驚四海！」

從此以後，齊威王開始認真治理國家，賞罰分明的訓練軍隊，將入侵的敵人趕出國土。大臣和百姓都讚揚齊威王，齊威王終於重樹了國家的威望。

釋義 鳴：鳥叫。比喻平時沒有特殊的表現，一下子做出驚人的事情。

近義 一飛沖天/一舉成名

反義 默默無聞 /庸庸碌碌

造句 平時不善言詞的小周，在英語演講比賽中一鳴驚人，獲得全市的第一名。

成語知識連結

齊威王在大臣的勸諫下醒悟，他嚴懲貪官汙吏，招納天下賢才。在西元前 353 年，齊國發兵圍魏救趙，桂陵大敗魏軍，使趙軍擺脫困境，齊國國勢蒸蒸日上。前 341 年，齊國又在馬陵擊潰魏軍，魏惠王求和，趙國歸還齊國長城。到威王末年，「齊最強於諸侯」。

一丘之貉

楊惲是西漢時的名士。他是朝廷的中郎將，為官清廉，性格耿直，經常會坦率的批評別人，指出別人的缺點，有時還嘲諷漢宣帝，得罪了不少人。

一次，他聽說匈奴王單于被殺，感慨萬千，寫信給朋友說：「這樣一個君王，不肯採納大臣的治國良策，白白斷送了性命，就像我國秦朝時的君王一樣，偏信小人，殺害忠臣，結果亡國了。如果當年秦朝不如此，也許就不會滅亡。從古至今的君王都是信任小人的，真像同一山丘出產的貉一樣，毫無差別呀！」

不料這封信落到了漢宣帝手裡，宣帝大怒，免去了楊惲的官職。

釋義 一個山丘上的貉。原指同是一類，後比喻都是壞人，相互沒有差別。

近義 狐朋狗友/狼狽為奸

造句 強盜和小偷都是一丘之貉，並沒有什麼實質上的差別。

成語知識連結

楊惲的父親是漢昭帝時的丞相，母親是史學家司馬遷的女兒，他從小就受到良好的教養，因為向漢宣帝舉發大將霍光謀反，被封為平通侯。當時社會賄賂風氣很嚴重，他大力革除這些弊病，整頓不良風氣，獲得了人們的稱讚。

一字之師

唐代有個叫齊己的和尚，很喜歡寫詩。有一年冬天，下了整整一夜大雪，齊己和尚早上起來，看到院子裡的梅花開了，不由詩興大發，吟成一首《早梅》。

他非常得意，便把詩拿去給好朋友鄭穀看。鄭穀看到詩中「前村深雪裡，昨夜數枝開」之句時，就說：「你的這首詩主要是突出一個『早』字，但梅花已經開了數枝，就不能算是早啦，你為什麼不把『數』改為『一』呢？」齊己和尚一聽，佩服得五體投地。後來，人們知道了這件事，就把鄭穀叫做「一字師」。

釋義 能夠改動別人一個字的老師。

造句 我寫的這首詩，他只改了一個字，頓覺意思更加明確了，他真是我的一字之師啊！

一鼓作氣

春秋時，有一年，齊國集結大軍進攻魯國。曹劌請求跟隨魯莊公一起參加戰爭。

戰場上，當齊軍第一次敲響戰鼓時，曹劌勸阻魯莊公不要馬上出兵迎擊。齊軍戰鼓響過三遍以後，魯軍才第一次敲響戰鼓。等待已久的魯軍將士聽到戰鼓響，士氣大振，他們奮勇殺敵，勢不可擋的大敗齊軍。

戰爭結束後，魯莊公問曹劌這是怎麼回事？曹劌回答說：「齊軍第一遍響起戰鼓時，士氣正旺；第二遍士氣開始減弱；第三遍時士氣幾乎全部消退了。而我軍戰鼓一響，將士們的士氣正旺。以士氣正旺的軍隊與士氣消退的軍隊作戰，勝利當然會是我們的。」

釋義 比喻趁氣勢大的時候，一下子把事情做完。

近義 打鐵趁熱/乘勝追擊

造句 登山時，我們一鼓作氣往上爬，很快就到了山頂。

一竅不通

商紂王是有名的暴君。他和寵妃妲己一起為非作歹，殘害百姓。他的叔父比干非常正直，多次勸諫紂王要施仁政，做善事。

一次，紂王聽信妲己的讒言，下令殺害了無辜的大臣梅伯，並殘忍的將梅伯的屍首剁成肉醬。比干知道以後，又苦口婆心的勸說紂王不要聽信讒言，亂殺無辜，否則百姓造反，江山難保。比干接二連三的勸說引起紂王十分不滿。他暴跳如雷的說：「我聽說聖賢的心有七竅，今天我就殺了你，取出心來看個仔細！」他果然把比干殺了，並取出了比干的心臟。

每當孔子談起這件事，都會心有感觸的說：「紂王的心一竅也不通。哪怕通了一竅，比干也就不會被殺害。」

釋義 原指人心竅不通，後比喻一點都不懂。

造句 小麗本來對樂理一竅不通，經過一段時間的學習之後，已經頭頭是道了。

一諾千金

季布是漢朝劉邦的部下，曾任河東守。楚國有個叫曹丘的人喜歡到處結交權貴，以抬高自己的身分地位。他聽說季布在劉邦手下做了大官，就託人請季布寫信推薦自己。季布對曹丘這種人有些看不起，但礙於情面，還是接見了他。見面時，曹丘很有禮貌的對季布說：「楚國有句俗語：『得一百斤黃金，還比不上季布的一句承諾。』這都是我替您宣揚的結果，您為什麼還這樣看不起我呢？」季布聽後很不好意思，就改變了對他的態度，臨別時還以厚禮相贈。

釋義 形容做人極講信用，說話算數。

近義 一言九鼎

反義 言而無信/輕諾寡信

造句 他是一諾千金的人，答應你的事一定會做到的，你就放心吧！

一身是膽

三國時期，趙雲是劉備的一名大將。一次，曹操指揮軍隊進攻漢中。蜀國老將黃忠率兵渡過漢水，準備劫取曹軍大批糧草，不料被曹軍包圍，形勢十分危急。當趙雲得知這個消息後，馬上帶兵前去救援。戰爭中，趙雲衝進重重包圍，殺死也殺傷曹兵無數，救出了黃忠。

曹操知道後，立即親自帶兵攻打趙雲。

趙雲回到軍營後，命令士兵敞開營門，放下軍旗，不敲戰鼓，靜待曹兵。曹操帶領大軍趕到趙雲營地後，看到這幅景象，以為趙營早有埋伏，不敢攻打，只好撤兵。

劉備知道後，說：「趙雲勇救黃忠，嚇跑曹兵，真是一身是膽！」

釋義 形容膽量很大，勇猛無比。

造句 爺爺年輕時是位抗日英雄，一身是膽，殲滅敵人無數。

一箭雙鵰

南北朝時期，北周有一名武將叫長孫晟。他的武藝高強，尤其善於射箭。一次，國王派他護送公主到突厥國與突厥王成婚。突厥王攝圖舉行盛大宴會，歡迎長孫晟和公主一行。席間，攝圖命令士兵拿來弓箭，請長孫晟射箭助興。長孫晟瞄準掛在百步外的一枚銅錢，一箭射去，只聽「格」的一聲，不偏不斜正中銅錢的方孔，眾人震驚。從此以後，攝圖對長孫晟十分敬重，留他長住，並時常請他陪自己去打獵。

一次，他們正在山中打獵。攝圖突然看見空中有兩隻大鵰在爭食一塊肉，他拿出了兩枝箭，對長孫晟說：「你能用最快的速度把兩隻鵰都射下來嗎？」長孫晟接過一枝箭，迅速的拉足弓，「咻」的一聲向空中射去。忽然，士兵們驚呼起來：「快看，一箭雙鵰啊！」原來，長孫晟竟然一箭射中了兩隻鵰。

釋義 指一箭射中兩隻鵰。形容射箭本領高強，也比喻一舉兩得。

近義 一石二鳥

造句 每天早起晨讀，既鍛鍊了身體，又能學習外語，是一箭雙鵰的好事。

八仙過海

傳說古代有八位神仙，分別是呂洞賓、鐵拐李、韓湘子、藍采和、漢鍾離、曹國舅、何仙姑和張果老，合稱八仙。

有一次，八仙在蓬萊閣上飲酒聚會，興致正濃時，鐵拐李提議乘興到海上一遊。眾仙齊聲附和。而呂洞賓建議大夥憑法術渡海，不得乘舟。

鐵拐李首先將大葫蘆丟入海裡，葫蘆立刻變成一艘龍舟，鐵拐李坐在上面，一會兒工夫就渡過去了。韓湘子隨後也拋出了花籃，花籃在海中像一艘船，一滴水也不浸，韓湘子坐在上面也很快就到了對岸。

其後依次是呂洞賓、藍采和、漢鍾離、曹國舅和何仙姑，他們各用的法寶分別是簫、拍板、大芭蕉扇、笏和荷花。最後是張果老，他慢慢從箱子裡拿出一隻紙做的驢，口中念念有詞，然後說了聲：「變！」那紙驢立即變成一隻真的小白驢。張果老臉朝後倒騎著小白驢，轉眼間渡過東海，到對岸與其他七位神仙相會去了。

釋義 八位神仙各自展示自己高超的本領渡過大海。比喻人們在完成某項任務時，各有自己的方法和本領。

造句 在這次模型比賽中，同學們八仙過海，各顯神通，競爭非常激烈。

成語知識連結

「八仙」是古代民間傳說中的八位神仙。他們懲惡揚善、劫富濟貧，深受人們喜愛和尊敬。如果我們經過努力學習和鑽研，掌握了一門出色的學問或技術，也會贏得人們的尊敬！

八面威風

元朝末年間，封建統治者十分腐敗，各地農民紛紛起義。

朱元璋是起義軍中的一位領袖。他領導起義軍幾乎橫掃了中原大地，正準備乘勝南下，攻占江南。

有一天，朱元璋和大將徐達兩人同坐一艘小船，從北岸渡過長江，為他們划船的是一對老夫婦。當船夫知道船上坐的就是威名遠揚的朱元璋時，高興得不得了，大聲向朱元璋祝賀，道：「聖天子六龍護駕，大將軍八面威風！」這誰都知道，是祝賀帝王的話，朱元璋聽了十分高興，覺得這是好兆頭，就和徐達拍手踢腳，互相慶賀。

後來，朱元璋果然建立明朝，當上了皇帝。他來到長江北岸，找到當年的船主夫婦，大大封賞他們，並將小船塗成朱紅色，表示小船有功，給他帶來了好運。

釋義 形容聲勢逼人、氣派十足的樣子。

近義 威風凜凜/神氣十足

反義 畏畏縮縮/萎靡不振

造句 百獸之王八面威風的坐在寶座上，審理森林中的各種案件。

成語知識連結

朱元璋（1328～1398 年），濠州（今安徽鳳陽）人，是中國歷史上唯一出身於農民的皇帝。少時曾經因生活所迫入寺為僧，後投奔郭子興領導的紅巾軍並成為起義軍的領袖。元至正二十八年（1368 年）正月初四，朱元璋在應天即位，國號為大明，建元洪武，開始了明朝的統治。

九牛一毛

西漢時期，司馬遷擔任太史令。他為人正直，忠於朝廷，寧願得罪有權勢的人，也不願說假話。

一次，匈奴大軍來犯，西漢名將李陵帶領五千人迎戰，被八萬匈奴軍隊包圍，李陵不幸受傷被俘，不得已投降匈奴。漢武帝知道後，認為李陵的行為有辱漢室，要殺了李陵全家。其他大臣都不敢為李陵辯解，只有司馬遷覺得這樣做很不公平，就站出來為李陵辯護，認為李陵的投降情有可原，並認為只要有機會，李陵仍然會效忠於漢朝。漢武帝因此很生氣，對司馬遷動用了當時最殘酷的腐刑。

這奇恥大辱讓司馬遷痛不欲生，但又覺得如果就這樣死去，那自己的生命就像從許多牛身上拔下一根毛，毫無意義和價值。於是他忍辱含悲，終於完成了流傳千古的《史記》。

釋義 原意為九頭牛身上失掉一根毛，微不足道。後來比喻眾多數量中的一點點，指極少，很輕微。

近義 滄海一粟/微乎其微

反義 多如牛毛/不可勝數

造句 我雖然讀了不少書，但與爸爸讀過的書相比，不過是九牛一毛。

成語知識連結

《史記》是中國第一部紀傳體通史，包括十二本紀、十表、八書、三十世家、七十列傳，共一百三十篇，五十餘萬字。它的記事上自黃帝，下至漢武帝太初年間，詳細記載了中國上古至漢初三千年來的政治、經濟、文化等方面的歷史發展。被魯迅先生譽為「史家之絕唱，無韻之《離騷》」。

三人成虎

在戰國時期，魏、趙兩國互訂盟約，魏王按約指派親信大臣龐蔥陪太子去趙國當人質。

龐蔥知道，自己離開魏國以後，有人會在魏王面前造謠，毀壞他的名聲。於是，他對魏王說：「如果有人向大王報告說，街道上來了隻老虎，您會不會相信？」魏王說：「不會相信。」「如果第二個人又報告說，老虎闖進了街道，您會不會相信？」魏王說：「如果兩個人都這樣說，我就得考慮一下了。」龐蔥又問：「如果第三個人也報告街道上來了老虎呢？」魏王說：「我就不得不相信了。大家都這樣說，就肯定是真的。」龐蔥接著說：「大家都知道，老虎不會大白天跑進街道。可是當大家都這樣說，就像真的發生一樣。現在我就要離開大王去趙國，可能會有不只三人來毀壞我的名譽，如果真有這種事，請大王心裡有數，不要輕信。」

龐蔥離開魏國後，果然有人不斷誹謗他。等到龐蔥陪著太子回國的時候，情況已經無法挽回，魏王不再信任和重用他了。

釋義 街道上本來沒有老虎，但只要有三人謠傳有老虎，聽的人就會認為是真的。比喻流言惑眾，蠱惑人心。

近義 眾口鑠金/以訛傳訛

造句 對任何事情都不能只憑道聽塗說，要做實際的了解，否則便會把假的當成真的，犯三人成虎的錯誤。

成語知識連結

你知道「三家分晉」的歷史嗎？春秋時期，晉國還是「春秋五霸」之一，到了後期，知伯、趙襄子、韓康子和魏桓子這四個大臣控制了晉國的大權，其中以知伯的實力最強，非常驕橫。後來，趙、韓、魏三家聯合消滅了知伯，將晉國地盤分成三部分，韓、趙、魏各自獨立。

三令五申

孫武是春秋時期著名的軍事家。一次，他來到吳國，向吳王獻上自己所著的兵法。吳王看過兵法後，覺得頗有見地，於是讓孫武按照兵法訓練宮女。

孫武將一百多名宮女排成兩隊，分別由吳王寵愛的兩名妃子當隊長。他當眾宣布紀律，並命令宮女按照擊鼓號令操練。操練開始後，第一次擊鼓傳令，大家不但不聽，反而嘻嘻哈哈。孫武見狀說：「解釋不明，交代不清，應該是將官們的過錯。」於是重新宣布紀律，講解號令含義。再次擊鼓傳令，眾女兵

仍然只是大笑。

孫武便說：「解釋不明，交代不清，這是將官的過錯。既然交代清楚而不聽號令，就是隊長和士兵的過錯了。」說完命左右隨從把兩個隊長推出斬首。吳王見孫武要斬他的愛妃，急忙派人向孫武講情，可是孫武說：「我既受命為將軍，將在軍中，君命有所不受！」遂命左右將兩個隊長斬了，再命兩個排頭為隊長。然後第三次擊鼓傳令，這次眾女兵認真操練，再不敢視為兒戲。

釋義 三、五，表示次數很多。指再三命令，多次告誡。

造句 政府三令五申食品商店要保證清潔衛生，但仍有商店還是蒼蠅成群。

三顧茅廬

東漢末年，天下群雄四起，各處一片混亂。曹操趁機挾持天子，控制朝廷，以天子的名義向各諸侯發號施令。而劉備為了實現建國大業，也到處廣招人才，積蓄力量。

有一次，劉備聽說隆中有位叫諸葛亮的隱士很有才幹，就帶上厚禮，與關羽、張飛一起來到隆中的臥龍崗，想請諸葛亮出山，幫自己打天下。當他們來到諸葛亮隱居的茅舍，不巧諸葛亮已外出不在家，劉備等人掃興而歸。時隔不久，劉備等人又冒著風雪來到隆中，結果又撲了個空。劉備只好給諸葛亮留下一封信，表明自己對他的景仰和希望他出山的願望。過了一段時間，劉備與關羽、張飛第三次去拜訪時，諸葛亮正好在家睡覺。他們恭敬的站在門外，一直等到諸葛亮醒來。

劉備不辭勞苦的，三次拜訪，使諸葛亮大為感動，終於答應做劉備的軍師。他以經天緯地之才輔佐劉備，屢建奇功，最終幫助劉備建立蜀國。

釋義 比喻誠心誠意的一再邀請。

近義 禮賢下士/求賢若渴

造句 我們學校之所以能在教學方面取得良好成效，其中一個重要的原因就是校長能以三顧茅廬的誠心與決心，到各地訪聘優秀教師。

成語知識連結

成都武侯祠是紀念諸葛亮的祠堂。始建於西漢末年，明末毀於戰火，清康熙十一年（1672 年）重建。祠內有蜀漢歷史人物泥塑像 41 尊，均出自清代民間藝人之手。蜀漢君臣分列上下，濟濟一堂，這是成都武侯祠的一大特色。此外，還有碑碣、匾聯，以及鼎、爐、鐘、鼓等文物。

口若懸河

晉朝時，有一位大學問家，名叫郭象，字子玄。他在年輕的時候，已經是一位很有才學的人。尤其是對於日常生活中所接觸的一些現象，都能留心觀察，然後再冷靜的思考其中的道理。因此，他的知識十分淵博，對於事情也常常有獨到的見解。後來，他又潛心研究老子和莊子的學說，頗有心得。

過了些年，朝廷一再派人來請郭象為官。因他實在推辭不掉，只得答應到朝中做一名小官。由於他學識淵博，所以無論對什麼事情都能說得頭頭是道，再加上他的口才很好，又非常喜歡發表見解，因此每當人們聽他談論時，都覺得津津有味。

當時有一位太尉王衍，十分欣賞郭象的口才，他經常在別人面前讚揚郭象說：「聽郭象說話，就好像一條倒懸起來的河流，滔滔不絕的往下灌注，永遠沒有枯竭的時候。」

釋義　形容人能言善辯，說起話來像瀑布傾瀉一般，滔滔不絕。

近義　滔滔不絕/侃侃而談

反義　笨嘴拙舌

造句　我們在一起閒談時，他總是口若懸河，別人根本插不上嘴。

成語知識連結

有些人因為積累的知識比較多，也比較善於演講辯論，所以說話時可以不假思索，出口成章。好口才需要說話言之有物，語言詼諧幽默，否則就是誇誇其談了。

大義滅親

春秋時期，衛莊公的愛妾生了個兒子叫州籲。州籲整天只喜歡舞刀弄槍，不務正業。大夫石碏也有個兒子叫石厚，與州籲臭味相投，兩人關係很好。衛莊公死了以後，公子完繼位為衛恆公。此時，石碏因年邁，又不滿州籲的行為，便告老還鄉。

有一天，衛恆公要到洛邑去見周王，州籲和石厚便借送行之機殺死衛恆公，奪取王位。可是他們卻不得人心，於是商量找石碏幫忙，以安撫民心。石碏告訴前來求助的兒子說：「你們只要去請陳恆公幫你們在周王面前說話，得到周王的同意就好了。」石碏卻暗中寫信密告陳恆公，請他幫助捉拿弒君兇手。石厚和州籲一到陳國就被抓起來了。陳王派人去問石碏怎麼處置這兩個兇手。石碏說：「這小子不忠不孝，留他有什麼用？」於是陳王叫人把他們殺了。後人稱讚石碏的這種做法是「大義滅親」。

釋義 為維護正義，對於犯罪親屬不徇私情，繩之以法。

近義 鐵面無私

反義 任人唯親

造句 歷代君王中，凡能為了國家和人民的利益大義滅親的，都受到老百姓的擁戴。

大材小用

辛棄疾是南宋時期的著名愛國詩人。在擔任湖北、江西等地的安撫使時，因為堅決主張抗金，受到朝廷投降派排擠，被免去職務，閒居在江西上饒一帶。

幾年後，辛棄疾被重新任用，任紹興知府和浙江東路安撫使。紹興西郊有一個地方叫三山，當時著名的愛國詩人陸游就在那裡閒居。陸游比辛棄疾大十五歲，當時快八十歲了，而他的愛國精神早已為辛棄疾所景仰，因此辛棄疾到任不久，就去拜訪了這位前輩。兩人一起議論國家大事，相見恨晚。

讓他當個安撫使，實在是將大材料用在小地方，未免太可惜了。

釋義 將大的材料用在小處。比喻用人不當，浪費人才。

近義 牛刀割雞

反義 因地制宜/量體裁衣

造句 他有經天緯地之才，卻一生困守僻鄉，做個小小縣令，這真是大材小用。

陸游聽了辛棄疾對形勢的分析和統一全國的構想，覺得他是一個很有才能的人，希望他能在事業上取得成功，就寫了一首詩送給辛棄疾。詩中有一句是這樣寫的：「大材小用古所嘆，管仲蕭何實流亞。」這句的意思是說，辛棄疾的治國才幹在管仲、蕭何之上，現在

大逆不道

秦朝滅亡後，劉邦和項羽展開了長達五年的楚漢之爭。有一天，項羽向劉邦挑戰，要與他一決雌雄。

劉邦說道：「我與你受命於楚懷王，約定先定關中者為王。但是我先定關中後你卻負約了，讓我到巴蜀去當漢王，這是你第一條罪狀。你在去救援趙軍途中，殺死上將軍宋義，自稱上將軍，這是你第二條罪狀。你違抗懷王命令，擅自劫持各諸侯的兵馬人員，這是你第三條罪狀。」接著，劉邦又揭露項羽燒毀秦宮、掘開秦皇墳墓搜刮財物，殺死投降的秦王子嬰，活埋二十萬秦國百姓，殺害義帝等罪狀。在講到第十條罪狀時，劉邦說：「你作為臣子而殺死君王，又殺害已經投降的人，為政不平，對訂立的

約定不講信義，為天下所不容，是大逆不道的叛徒。你犯下十條大罪，我興仁義之兵來討伐你這個逆賊，你還有什麼面目向我挑戰！」項羽聽了劉邦的話後，氣得發抖，拿起弓箭向劉邦射去，結果，一箭射中劉邦前胸。

釋義 逆：叛逆。行為嚴重違反常理，舊指犯上作亂等重大罪行。

反義 安分守己/循規蹈矩

造句 他做了這樣大逆不道的事，終究難逃法律的制裁。

上行下效

春秋時期，自從宰相晏嬰死後，一直沒有人當面指責齊景公的過失。時間一長，齊景公也就有些飄飄然。

有一天，齊景公宴請文武百官，席散以後，一起到廣場上射箭取樂。每當齊景公射出一枝箭，即使沒有射中靶心，文武百官都是高聲喝彩：「好啊！妙啊！」「真是箭法如神，舉世無雙。」

事後，齊景公把這件事情告訴他的臣子弦章。弦章對景公說：「這件事情不能全怪那些臣子，所謂『上行而後下效』。國王喜歡吃什麼，群臣也就喜歡吃什麼；

國王喜歡穿什麼，群臣也就喜歡穿什麼；國王喜歡人家奉承，自然，群臣也就常對大王奉承了。」

釋義 上面的人怎麼做，下面的人就跟著怎麼辦。多含貶義。

造句 這家公司的高層主管追求享受，經常在外吃喝玩樂，上行下效，下屬們也就不把心思用在工作上了。

成語知識連結

齊景公愛喝酒，連喝了七天七夜不停止。弦章上諫說：「君王已經連喝七天七夜了，請您以國事為重，趕快戒酒，否則請先賜我死。」齊景公向晏子訴苦說：「弦章勸我戒酒，要不然就賜死他。我該怎麼辦呢？」晏子聽了便說：「弦章遇到您這樣寬厚的國君，真是幸運啊！如果遇到夏桀或是紂王，不是早就沒命了嗎？」於是齊景公果真戒酒了。

下筆成章

曹植是曹操的第三個兒子。他從小就聰明好學，文思敏捷。

有一次，曹操無意中看到曹植的一篇文稿，覺得寫得很好，但曹操沒有當面稱讚，反而故意問曹植說道：「你這篇文章寫得不錯，不會是請別人幫你寫的吧？」曹植連忙跪下回答說：「父親，兒子平日出口能立論，下筆就能成文，我為何要請別人幫忙？父親如果不信，就請當面對我進行考試。」曹操聽後大笑說：「不是別人寫的就好，以後只要有機會我還真要考考你。」

過不久，曹操在鄴城建的銅雀台完工了。曹操讓幾個兒子都去參觀，並要求他們以銅雀台為題材，每人寫一篇辭賦，試試幾個兒子的文才。曹植只思考一會兒，就下筆寫成一篇《銅雀台賦》交給父親。曹操看了十分讚賞，就更加喜愛曹植了。

後來曹植的哥哥曹丕做了皇帝，曹丕嫉妒曹植的才華，就限他在七步之內做成一首詩，否則就要處死他。曹植走出六步吟了一首詩，其中最後兩句是：「本是同根生，相煎何太急。」意思是我們是親兄弟，為什麼還要加害於我呢？曹丕聽了，十分羞愧，只好放了他。

曹植終不得志，抑鬱而死，年僅四十歲。

釋義 一動筆就能寫成文章。形容文思敏捷，很有才華。

近義 下筆如神/意到筆隨

造句 他不僅講起話來滔滔不絕，而且還擅長寫作，往往下筆成章。

才高八斗

謝靈運是南北朝時期的著名山水詩人，不僅詩寫得好，書法也承襲家法。宋文帝非常賞識他的才華，把他的詩和書法稱為「二寶」，但在一些國家大事上卻沒有倚重他。謝靈運對自己未能參與朝政一直憤憤不平，後來索性辭官歸鄉，寄情於山水之間，腳著木屐，憑興而作，寫下了大量的絕妙好詩。他對自己的才華也非常自負，曾經說：「歷史上自魏晉以來，如果天下文學才華總共有一石（一石等於十斗）的話，那麼，曹植獨占了八斗，我占了一斗，其他人總共只分得一斗。」

釋義 形容人文才極高。

近義 學富五車/滿腹經綸

反義 目不識丁/不學無術

造句 他的學問淵博，出版十幾本專著，真可謂才高八斗。

成語知識連結

謝靈運就是淝水之戰中大敗前秦苻堅的大將謝玄的孫子。謝家是當時的世家大族，出了許多著名人物，有「謝家子弟」之稱。謝靈運善於刻畫自然景物，開創了文學史上山水詩一派，有「池塘生春草」名句。

千鈞一髮

枚乘是西漢時著名的文學家，擅長寫辭賦。他遇事頭腦清醒，善於思考。

枚乘曾經在吳王劉濞那裡擔任郎中一職。當時劉濞陰謀反叛朝廷，枚乘覺得這樣做非常危險，就婉言勸阻劉濞說：「如果用一根頭髮繫上千斤重的東西，把它高高掛起來，而下邊是萬丈深淵，誰都知道這是十分危險的。頭髮一斷，我們根本無法接住那千斤重的東西。這東西要是掉進了深淵，我們也沒有辦法拿取。現在，如果您要反叛朝廷，也會像頭髮繫著千斤重的東西一樣危險。」

但是，吳王劉濞對這種勸告不予理睬，仍然一意孤行，枚乘只好離開吳國，改投奔了梁國的梁孝王。到了漢景帝時，劉濞即糾合其他六個諸侯國，起兵叛亂。枚乘在此時又寫了《上書重諫吳王》，勸劉濞罷兵，劉濞還是不肯回頭。不久，漢朝大將周亞夫率領軍隊打敗了叛軍，吳王劉濞最終也被殺。

釋義 鈞，是古代的重量單位，三十斤為一鈞。千鈞重量繫在一根頭髮上。比喻情況萬分危急。

近義 岌岌可危/危如累卵

造句 三國時期的諸葛亮足智多謀，在千鈞一髮之際，總能化險為夷。

千慮一得

春秋時期，晏嬰在齊國歷任了三朝宰相。他為人正直，生活儉樸，在齊國很有威望。

有一天，齊景公派使者來看他。晏嬰正在吃飯，吃得非常簡單。他看見使者，就把自己的飯菜分成兩份，請使者一起吃。使者很感動，回去就把晏嬰分食的事告訴了齊景公。齊景

公想不到晏嬰這麼貧苦，就多次派人到晏嬰家送去金銀財物，但都被晏嬰婉言謝絕了。齊景公覺得十分奇怪，就問晏嬰：「以前桓公曾封賞賢相管仲許多土地，管仲都接受了。你為什麼就不接受我的賞賜呢？」

晏嬰回答說：「明智的人思考千次百次，難免會有一次出錯；愚笨的人思考千次百次，也總有一次是對的。管仲雖然是個明智的人，但他也許對這件事的考慮是錯的；而我雖然愚笨，但對這件事的考慮或許是對的。」

釋義 指愚笨人的考慮也會有可取地方。常用於自謙。

造句 我的看法還很不成熟，但經過了反覆的思考，千慮一得，也許還有點參考價值吧！

成語知識連結

晏嬰，字平仲，山東高密人，齊國上大夫晏弱之子。齊靈公二十六年（前 556 年）晏弱病死，晏嬰繼任為上大夫。歷齊靈公、莊公、景公三朝，是在春秋後期一位重要的政治家、思想家、外交家。司馬遷將其比為管仲，推崇備至，用了「不辱使命，雄辯四方」八個字來形容他的外交活動。

亡羊補牢

戰國時期，楚國襄王是個昏君，整天吃喝玩樂，不理政事。大臣莊辛多次勸說他要提高警覺，慎防秦國的侵略，楚襄王不僅不聽，還大發起脾氣。莊辛於是氣憤的離開了楚國。

後來，秦國果然侵入楚國，占領很多地方，楚襄王急忙派人請回莊辛謀求救國良策。莊辛見他已有悔意，就給他講了這樣一個故事：有個人養了許多隻羊。有一天，他數羊時發現少了一隻。經過檢查，原來是羊圈破了，夜裡狼從破洞進來叼走了一隻羊。有人勸他趕緊修好羊圈，他說：「羊已丟了，還修羊圈幹嘛？」第二天，這人發現又少了一隻羊，原來羊又被狼叼走了。他後悔了，趕緊修好羊圈。從此以後，他就再也沒有丟過羊。

接著莊辛又分析了形勢，認為楚國雖然暫時失利，但只要上下一心，就一定能重新振興國家。楚襄王聽從了莊辛的建議，果然楚國的形勢有了好轉。

釋義

指羊丟失了再去修補羊圈，還不算晚。後來比喻出了問題以後及時想辦法補救，以免繼續損失。

造句

知道亡羊補牢、及時改正的人是聰明的。

成語知識連結

「亡羊補牢」的故事最早出自《戰國策·楚策四》。《戰國策》又稱《國策》，是戰國時遊說之士的言論彙編，是西漢末年劉向編訂的。它反映了戰國時期各國政治、軍事、外交方面的一些活動情況和社會面貌，常用巧妙生動的譬喻和寓言故事來說明深奧難懂的道理。

門可羅雀

在西漢時期，有一位叫汲黯的大官。當他得勢時，到他家裡拜訪、送禮的人從來沒有間斷過，門口熱鬧的像過節一樣。

後來，汲黯因為身體不好，就辭去了官職，回到家裡休養。那些曾經討好他的人，看他不做官了，也就不再上門。

一天清晨，汲黯起來推開大門，只見冷冷清清沒有一個人影，只有一群麻雀在大門口的地上玩耍、覓食。他感嘆的說：「以前當官的時候，到家來探望的客人，多得大門都被堵住；現在不當官了，就沒有一個人來，門口冷清的可以用網來捕麻雀了。」

過了幾年，汲黯身體好轉，皇帝又召他回去朝廷做官。這時，以前那些賓客又都紛紛登門拜訪，汲黯經過一場貧賤富貴的交替，看清了世態的炎涼，從此閉門謝客。

釋義 羅：張網捕捉。形容門前冷落，賓客往來稀少。

近義 門庭冷落

反義 門庭若市

造句 別看他家現在門可羅雀，以前可是熱鬧非凡。

成語知識連結

汲黯，字長孺，是西漢濮陽人。武帝時，任東海太守，繼為主爵都尉。好黃老(戰國、漢初道家以傳說中的黃帝同老子相配，並同尊為道家創始人，名黃老學派)之術，常直言勸諫，並反對武帝反擊匈奴貴族的戰爭。後出為淮陽太守，在任十年死。

門庭若市

鄒忌是戰國時齊國大夫。他相貌堂堂，儀表不凡。

有一天，鄒忌問妻子：「我和徐公相比，誰比較英俊？」妻子回答說道：「當然是你英俊囉！」徐公是齊國美男子，妻子說他比徐公更英俊，鄒忌不相信。於是他就去問侍妾，侍妾說：「徐公哪有你英俊啊！」當第二天，家裡來了客人，鄒忌問他，客人也說：「你比徐公英俊多了！」過了幾天，鄒忌見到徐公，發現自己根本沒有徐公英俊。

後來，鄒忌向齊威王勸諫時說起這件事：「妻子偏愛我，妾畏懼我，客人有求於我，所以他們都說我才英俊。我想國家這樣大，肯定有人想討好您、畏懼您或有求於您而說不少假話，使您看不清事情真相。您要廣泛聽取百姓意見，才能做出最正確的決策。」

齊威王聽後，立即下令獎勵提出意見的人。這樣一來，人們紛紛向齊威王建議，朝廷熱鬧的像市場一樣。

釋義 門口和庭院就像市集一樣，熱鬧非凡。形容往來的人很多。

近義 賓客盈門/門庭喧囂

反義 門可羅雀/門庭冷落

造句 小張的姐姐結婚了，許多人到他家祝賀，那天真是門庭若市，熱鬧非凡。

開門揖盜

東漢時期，孫策占據了江東，自成一體。一次，孫策在西山打獵時，被暗箭射中，回到府裡以後，傷勢一天比一天嚴重，眼看快不行了。臨死前，他把長史張昭和弟弟孫權叫到跟前囑咐後事，並把印章交給了孫權。

孫策死後，孫權非常的傷心，痛哭不止。長史張昭於是對他說道：「這是安安靜靜哭喪的時候嗎？過去周武王死後，成王年幼，成王的叔父周公姬旦攝政，規定有三年居喪之禮，他兒子伯禽封於魯。周公姬旦死後，伯禽沒按禮法居喪，因為有外敵入侵，伯禽要率軍出征，不允許按禮儀行事啊！但現在群雄蜂起，壞人當道，在這種情況下為了顧全禮儀而哭喪，就等於大開城門去請盜賊進來一樣，這樣做並不是講究孝道的表現啊！」

孫權聽後吃了一驚，覺得張昭說得有理，立刻換上軍裝，騎馬巡視軍營。

釋義 打開門請強盜進來。這是比喻引進壞人，招致禍患。

近義 引狼入室

造句 吳三桂身為明朝的封疆大臣，卻開門揖盜，引清軍入關，落得個千古罵名。

成語知識連結

孫權，字仲謀，三國時期吳國的建立者。東漢末年，繼承哥哥孫策遺志，占據江東六郡。建安十三年，和劉備聯合，在赤壁大敗曹操，鞏固了江東的統治。又在吳蜀馬陵之戰中大敗劉備。在湖北鄂城稱帝，國號吳，後遷都建業（今南京）。他的政治才能，甚至得到了曹操的賞識，曹操有「生子當如孫仲謀」的讚嘆。

開天闢地

傳說很早很早以前，天和地都還沒有出現，宇宙是一片混沌，盤古就沉睡於其中。有一天，盤古醒來了，他用斧頭劈開了這片混沌。一聲巨響之後，宇宙分成了兩部分，一部分是輕輕的陽氣，上升變成藍天；另一部分是較重的陰氣，下降變成了大地。從此以後，宇宙間就出現了天和地。

盤古因為開了天，闢了地，就成了天地的主人。盤古高興時，天上晴空萬里；生氣時，天上陰雲密布；盤古哭泣時，天空大雨滂沱；嘆息時，天地間狂風呼嘯；盤古發出鼾聲時，天空響雷陣陣。過了許多許多年，盤古倒在地上死了。

傳說中國的五嶽就是他身體的各部分變成的：東嶽泰山是盤古的頭，西嶽華山是盤古的腳，中嶽嵩山是盤古的肚子，南嶽衡山和北嶽恆山分別是盤古的兩個肩胛。盤古的頭髮和汗毛，則全部變成大地上的樹木花草。

釋義 多用於指前所未有的，有史以來第一次發生的。

造句 詹天佑是中國鐵路工程上開天闢地的人物。

成語和識連結

中國神話是遠古人民表現對大自然的理解與想像的故事。遠古時代知識缺乏，人們無法以科學的觀點解釋自然中的風雨雷電等現象，於是借助想像和幻想把自然力和客觀世界擬人化，形成了神話。中國著名的四大神話：女媧補天、共工觸山、后羿射日和嫦娥奔月。

開卷有益

宋太宗喜歡讀書，他看到古人留下的很多好書由於沒有整理，後人讀起來既不方便，又容易丟失，就命李昉等十四名文人，專門整理優秀的古書，編纂一本大型辭書。他們用了八年時間，終於編成了《太平類編》一書。這部書共有一千卷，分天文、地理、物產、醫學、宗教等五十五個門類，有極高的實用和學術價值。

宋太宗非常高興，他命宰相宋琪每天給他送三卷《太平類編》，親自閱讀。宋琪問道：「陛下能以讀書為樂，鑑古推今，這自然是好事，但每日讀三卷，是不是太多了？」宋太宗聞言擺擺手回道：「只要一打開書來讀，就會有收穫，這是一件令人愉快的事。我只要一讀書，就不覺得疲勞，哪來的辛苦呢？」眾大臣聽後，均感到佩服。

此後，宋太宗果然每天都讀三卷書，從不間斷，他從大量史實中受到很多的啟發，並賜此書名為《太平御覽》。

釋義 只要讀書就會有收益。

造句 同學們有時間應多看書，就會明白古人所說的「開卷有益」的道理。

天羅地網

費無忌是春秋時楚平王的一名大臣，他為人陰險無恥，壞事做盡。他慫恿楚平王把太子漂亮的新娘納為妃子，又慫恿楚平王去殺害太子的老師伍奢和伍奢的大兒子，還讓楚平王把太子流放邊疆。

太子得到這個消息後，連夜逃到由伍奢的二兒子伍

子胥據守的樊城，並把全部事情告訴伍子胥，伍子胥做好了反叛的準備。

因此，為了斬草除根，費無忌讓他的兒子費得雄到樊城，想將伍子胥騙回京城殺掉。費得雄來到樊城，對伍子胥說：「你們伍家現在很興旺發達，你父親和大哥託我帶話，讓你回京城家裡看看。」伍子胥一聽，怒氣衝天，一把抓住費得雄悲憤的說：「太子早就把一切都告訴我，你們殺害我的父親和大哥，如今又想把我騙回京城，騙進你們編織的天羅地網，太可恨了。」說完就將費得雄推出門外斬了。

釋義 天上地下、四面八方都布下網羅。比喻嚴密的包圍。

近義 天網恢恢

反義 網開一面

造句 楚軍在岔口地區的千山萬壑裡，撒下了天羅地網。

天花亂墜

南朝梁武帝信仰佛教，與雲光法師交往甚密，聽講佛經是他生活中的一件重要事情。

一次，雲光法師講《涅經》時，從早晨一直講到晚上，梁武帝也興致勃勃聽了一天。當時，雲光法師繪聲繪色的講經，梁武帝聚精會神聽著，當講到動人之處，鮮花漫天飛舞。梁武帝看著飛舞的鮮花，感嘆的說：「想不到佛法竟然如此奇妙！」

從此，梁武帝就更加沉迷於佛教。他在宮中遵守佛教徒的戒律，每天只吃一頓粗茶淡飯，而且不飲酒，長期吃素，甚至在皇宮祭天地或拜祖宗時，也只准上供蔬菜、水果，絕不上供魚肉佳餚。後來，他又幾次入寺做和尚，研究佛法，不理朝政，幾乎忘記了自己是個皇帝，導致政績下降。

釋義 形容說話非常動聽，但空洞不切實際。

近義 大放厥詞/花言巧語

造句 這件事我並沒有親眼見到，任憑你說得天花亂墜，我也不能相信。

禮

天經地義

魏晉時期，周景王姬貴去世後，按照習俗，應該由他的正室夫人所生的世子姬敬繼位。但是，周景王生前曾與大夫賓孟商量過，打算立側室夫人所生的長子姬朝為世子。這樣，姬朝也有資格繼位。於是，周王室發生激烈的王位之爭。

在無可奈何之際，晉頃公召集了各諸侯國的代表開會，商量怎樣使周王室的鬥爭平息下來。參加商討的有晉國的趙鞅、鄭國的遊吉、宋國的樂大心等。會上，趙鞅向遊吉請教什麼叫「禮」。遊吉說道：「我國的大夫子產在世時曾經說過，禮是天之經、地之義，是老天定下的規矩、大地施行的正理。禮是老百姓行動的準則，

不能變更，也不容懷疑。」

趙鞅對遊吉的回答非常滿意，表示一定要牢記這個道理，其他各國代表聽了，也認為有理。於是，趙鞅提出各諸侯國應全力支援敬王，為他提供武器糧草，幫他登上王位。此後，晉國大夫率領各諸侯國的軍隊，幫助敬王平息了周王室的鬥爭。

釋義 是指絕對正確。不容改變的常規正理，指理所當然的、不容懷疑的。

近義 理所當然/毋庸置疑

造句 人們想在事業上有所成就、學術上有所造詣，是天經地義的事。

韋編三絕

古代有一部有名的書叫《易》，相傳這作者是周代人，所以又叫《周易》。《易》分為《經》和《傳》兩部分，用八卦的形式來推測、判斷自然和社會的變化規律，內容十分的豐富。由於它是用古文字寫成的，當時有許多人看不懂。

孔子是春秋時期的大教育家。晚年時，他非常喜歡《易》，花了很大的精力，把《易》全部讀了一遍，基本上了解了它的內容。不久又讀第二遍，掌握了它的基本要點。接著，他又讀第三遍，對其中的精神實質有了透徹的理解。在這以後，為了深入研究這部書，也為了給弟子講解，他不知翻閱了多少遍。這樣讀來讀去，把串連竹簡的牛皮帶子也磨斷了幾次，不得不多次換上新的再使用。即使到了這樣的地步，孔子還是謙虛的說：「假如讓我多活幾年，我就可以完全掌握《易》的文與質了。」

釋義 韋：皮革。三絕，多次斷絕。編連竹簡的皮繩磨斷了多次。形容讀書勤奮，刻苦治學。

造句 他讀書非常勤奮、刻苦，用韋編三絕來形容一點也不過分。

成語知識連結

古時候，人們除了在甲骨上寫字外，還把竹片和木板削成一條條狹長而又平整的小片，在上面寫字。竹子做的叫竹簡；木頭做的叫木簡，又叫版牘。簡的長度不一樣，長的有三尺，短的只有五寸。人們寫信的時候，往往用一尺長的簡，所以後來把信稱為「尺牘」。把寫好的簡利用繩子、絲線或皮帶編在一起，就成為一冊一冊最原始的書了。

專心致志

相傳古代有位下棋高手叫秋。因為他的棋藝超群，人們都叫他弈秋。

一次，弈秋招收了兩名學生，他非常仔細的向他們講解棋藝。其中一名學生聽講十分認真，但另一名學生呢？儘管也坐在那裡不聲不響，一副聚精會神的樣子，心卻飛到了外面。當窗外一隻大雁飛過，他想：「要是能射下這隻大雁，然後美餐一頓該有多好。」因為他總是胡思亂想，心不在焉，老師講了些什麼，他根本就沒有聽進去。結果，當弈秋叫兩名學生下棋，認真聽講的學生棋法嫻熟，能攻善守；而不認真聽講的學生，卻下得手忙腳亂，大汗淋漓，最終當然也就輸了。

弈秋語重心長的對學生說：「學任何東西都要專心致志，下棋也不例外。」

釋義 把心思全部放在上面。形容一心一意，精神集中。

近義 全神貫注/聚精會神

反義 心不在焉/心猿意馬

造句 我們無論做什麼事情都必須專心致志，否則就會一事無成。

成語知識連結

做學問必須要專心致志，才能取得大的成就。牛頓因為專心致志的思考問題，竟把手錶當成雞蛋煮了；愛因斯坦也由於散步時思考科學難題，忘了自己的家門。他們專心的程度是多麼高啊！

不入虎穴，焉得虎子

東漢時期，班超奉命率團出使西域，首先來到了鄯善國。

鄯善國的國王以隆重的禮節歡迎他們的到來，並給予他們種種禮遇。但是沒過多久，班超就發現鄯善國國王突然對他們冷淡疏遠起來。班超覺得情況有變，就連忙召集部下商議。經過分析，他們認為，一定是北方匈奴的使團也來了，國王不好親善哪一方，所以態度搖擺不定。

他們的猜測很快得到了證實。有消息說，匈奴派出一百多人的使團正在要脅國王。面對嚴峻的形勢，班超對部下說：「不入虎穴，焉得虎子。不剷除匈奴使者，我們就無法完成皇帝交付給我們的使命。」於是，他們趁著夜色衝進匈奴使者的住所，殺掉了匈奴的使者。

第二天，班超將鄯善國國王邀請來，告訴了他事情的經過，並曉以利害。鄯善國國王被說服，終於同意歸順漢朝，並把兒子送到洛陽當人質。

釋義 不進入老虎洞，怎麼捉到小老虎。比喻不親臨險境就不可能取得到成功，也比喻不進行認真的實踐就不可能得到真知。

造句 常言道：「不入虎穴，焉得虎子。」要想把犯罪分子一網打盡，就必須深入敵人的內部了解情況。

不求甚解

陶淵明是東晉著名詩人。他出生於一個沒落的官僚地主家庭，少年時代就死了父親，家境一日不如一日。但他並不羨慕榮華富貴，卻喜愛閒散清淡的田園生活，在耕作之餘，勤奮讀書，逍遙自在。

二十九歲時，陶淵明懷著「大濟蒼生」的願望，在江州做了個名叫「祭酒」的學官。他看到官場的醜惡情形，非常失望，沒過多久，便辭官回家。他家門前有五棵大柳樹，柳蔭下是他經常飲酒賦詩的場所。

在家鄉隱居的陶淵明仍然沒有忘記讀書學習。他曾在《五柳先生傳》中這樣說過：「好讀書，不求甚解；每有會意，便欣然忘食。」意思是說他喜歡讀書，但他讀書的方法是不刻意咬文嚼字，只要領會書中主要精神就可以了。每當讀到能夠深刻領會意思的時候，他居然還會高興得忘記吃飯。

釋義 原指讀書只領會要旨，不必在一字一句上下功夫。後指只求懂個大概，不去深入理會。

近義 一知半解/囫圇吞棗

反義 尋根究底/窮源竟委

造句 如果我們讀書、學習時總是不求甚解，那麼讀再多的書對我們的幫助也不大。

不學無術

當漢武帝在位時，大將軍霍光是朝廷中舉足輕重的大臣，深得武帝信任。武帝臨死前，把幼子劉弗陵（即漢昭帝），託付給霍光輔佐。昭帝去世後，霍光又立劉詢為皇帝，即漢宣帝。霍光掌握朝政大權四十多年，為西漢立下了莫大的汗馬功勞。

劉詢即位後，立許妃為皇后。霍光的妻子霍顯，是個貪圖富貴的女人，她想要把自己的小女兒成君嫁給劉詢做皇后，就趁許后生病時，買通宮中女醫下毒害死許后。後來毒計敗露，女醫下獄。

不久，霍光知道了這件事，非常驚懼，嚴厲指責妻子，但又不忍心妻子被治罪，於是把這件傷天害理的事情隱瞞下來。霍光死後，有人向宣帝告發此案，宣帝派人去調查處理。霍光的妻子聽說後，與家人、親信策畫

召集族人謀反，不料走漏了風聲，被滿門抄斬。

東漢史學家班固在《漢書．霍光傳》中評論霍光，說他「不學無術，暗於大理。」意思是：霍光不讀書，又沒學識，因而不明白關乎大局的道理。

釋義 既沒有學問，又沒有能力。

近義 目不識丁/胸無點墨

反義 學富五車/才高八斗

造句 這些不學無術的人，工作都不好好的做，卻愛在街頭鬧事，真令人擔憂。

不恥下問

孔子是中國古代偉大的思想家和教育家，被人們尊為「至聖先師」。孔子認為，無論什麼人，都不是天生就有學問的，應該不斷學習，有不懂的地方就要虛心向別人請教，這才是求知的正確態度。

衛國當時有名大夫叫孔圉，一生為人正直，虛心好學。孔圉死後，衛國國君為了讓後代的人都能學習和發揚他好學精神，因此特別賜給他一個「文公」的稱號。

孔子學生子貢也是衛國人，問孔子為什麼賜給孔圉「文公」的稱號。孔子微笑著說：「孔圉勤奮好學，腦筋聰明靈活，有任何不懂的事情，就算對方地位或學問不如他，他都會大方而謙虛的請教，一點都不會因此而感到羞恥，這就是他難得的地方。賜給他『文公』的稱號並沒有不恰當之處。」

釋義 不會因為向學問比自己差或地位、輩分比自己低的人請教而可恥。

近義 三人行，必有我師/移樽就教

造句 一個人如果能真正做到不恥下問，就一定能在事業上有所成就，並獲得人們的尊敬。

成語知識連結

相傳，孔子的母親顏征在尼山祈禱後生了孔子，因此孔子名丘，字仲尼。顏征在尼山附近的一座小山的荒坡上生下了孔子，那山以後就叫「顏母山」。山下有一片草地像蓆子一樣，至今每到秋天草葉赤紅如血。顏征生下孔子，口渴想喝水，到了一個井邊，但沒有力氣取水，只見井口傾倒，水從井中流出，這就是「扳倒井」的傳說。

車載斗量

三國時，劉備建立蜀國當了皇帝以後，想要出兵討伐東吳孫權。消息傳來，孫權連忙召集群臣商量，最後決定派趙咨到魏國向文帝曹丕求援。

當趙咨趕到魏國時，曹丕故意問道：「要攻打你們吳國，你們會怎麼辦呢？」趙咨慢慢回答說：「大國有征伐的國力，小國卻有退兵的良策，誰也不知道哪國會勝，哪國會敗。」曹丕又追問：「這麼說你們吳國就不怕我們魏國嗎？」

趙咨回答道：「我們吳國有百萬大軍，又占據長江天險，有什麼可害怕的呢？」曹丕聽

了，十分佩服趙咨隨機應變的口才，於是又問道：「像你這樣的人才，吳國有多少呢？」趙咨大笑後說：「吳國傑出的人才不少於八、九十人，而像我這樣的人，多得可用車裝、用斗量，難以數清。」曹丕終於答應出兵救吳。

釋義 用車裝、用斗量。形容數量極多。

近義 恆河沙數/數不勝數

反義 鳳毛麟角/屈指可數

造句 市井之中臥虎藏龍，能人異士車載斗量，不可等閒視之。

中流擊楫

西晉的時候，皇族成員為爭權奪利，常進行你死我活的鬥爭，曾經出現過所謂的「八王之亂」。當時，北方的少數民族頭目乘機攻掠中原。西晉的官員百姓紛紛逃往江南避難。

這期間，淮河流域有一名小官，名叫祖逖，曾幾次請兵北伐，無人理睬。後來，當他渡江到都城建鄴，向當時的琅琊王司馬睿請纓。司馬睿並沒有恢復中原的打算，但是聽祖逖說得有道理，也不好推辭，勉強答應他的請求，派他做豫州刺史，撥給他一千人吃的糧食和三千匹布，至於人馬和武器，叫他自己想辦法。

祖逖接受任命後，回到京口，率領自己的一百多名部下，乘船橫渡長江，向北岸發兵。船到江心時，祖逖望著滾滾的波濤和北岸的景色，心情

激動。他站起來舉起船槳，拍打著船舷，發誓說道：「我要是不能收復中原，就會像這滔滔長江水，一去不復返！」祖逖的豪邁氣概，深深鼓舞士兵們的鬥志。他的隊伍越來越壯大，沒有多久時間，就收復了北方的大片失地。

釋義 比喻收復失地，振興事業的決心。

近義 擊案而誓/擊楫渡江

造句 面對在侵略者鐵蹄下呻吟的大好河山，全國人民無不中流擊楫，決心收復失地，保家衛國。

水清無魚

班超他是漢代守衛西域的一名老將。但因他年老多病，漢帝決定將他召回京城洛陽，另外派任尚去西域接替他的職位。

任尚因為初到西域，情況不熟，

就前往班超府請教治理西域的方法。

班超對任尚說道：「那裡的士兵很多是因為犯法被發配去的，而西域當地人不懂中原文化，對這兩種人你一定要多加注意。你不能太急，對人要求也不能過於嚴格。你應該明白，水太清澈了，就不會有魚。做上級的太精明、太嚴格，下屬就不會擁護你的。關鍵是要抓住原則性的大問題，對小問題就要寬容些，而一些細小的事情也不要過於干涉。」

任尚聽了班超的話，覺得很有道理。他依照班超的方法待人處事，果然有效。沒多久，任尚就把西域管理得井井有條。

釋義 水太清了，就沒有魚。比喻過分苛求他人，就沒人與之交往了。

造句 正所謂「水清無魚」，對別人不能要求太高，否則就很難交到朋友。

水滴石穿

宋朝有個縣官名叫張乖崖。有一次，他發現一名管錢庫的小吏從縣衙錢庫裡慌慌張張的溜出來。張乖崖覺得奇怪！叫住他進行搜查，結果從頭巾裡查出一文錢。張乖崖按刑法判他監守自盜的罪行，要處死他。

小吏不服氣的對張乖崖說道：「我只偷了一文錢，按法律你只能打我，但不能判我重罪，更不能殺我。」張乖崖聽後氣憤極了，大聲斥責道：「你是管錢庫的，一天偷一文錢，一千天就要偷一千文錢。長年累月，你不知要偷多少錢。時間一長，繩子都可以把木頭鋸斷，水滴也可以把石頭滴穿。你犯的罪難道還不大嗎？」最終，張乖崖還是把這個小吏殺了。

釋義 水不停的滴，可以把石頭滴穿。比喻只要有恆心，堅持不懈，事情總會成功。

造句 雖然以我們現在的力量還很難完成這項課題，但只要不斷積累經驗，努力鑽研，就一定會水滴石穿。

水深火熱

戰國時期，燕國經常發生內戰，百姓的生活十分艱難。齊宣王趁機派出大將匡章攻打燕國。燕國的百姓因為不滿內戰，不但不抵抗齊軍，反而送水送飯來歡迎齊軍。齊軍占領燕都後，因軍紀不嚴，經常有兵士欺侮燕國百姓，燕國百姓紛紛起來反抗。

齊宣王於是向正在齊國的孟子請教道：「有人勸我不要吞併燕國，有人勸我吞併它，到

底該怎麼辦？」孟子回答說：「如果燕國百姓高興，就可以去吞併燕國；如果燕國百姓不高興，就不能去。當年齊國攻占燕國時，燕國的百姓歡迎齊軍，是因為他們想擺脫內戰帶來的困苦生活；而現在齊國又將他們帶來亡國受辱的災難，使他們處在水深火熱之中，他們肯定要反抗的。」但是齊宣王對這種勸告不理睬，仍堅持吞併燕國，最後因燕國老百姓強烈反抗而不得不撤兵。

釋義 比喻生活處境異常痛苦。

近義 民不聊生

反義 安居樂業

造句 古代的封建社會，人民在暴政的統治下，過著水深火熱的生活。

手不釋卷

三國時，呂蒙是吳國的大將。他作戰勇猛，年輕有為，孫權勸他多讀點書。可是呂蒙認為讀書是文人雅士的事，軍人只要打仗就行了。孫權嚴肅的說：「漢朝光武帝劉秀當兵時，手不釋卷，曹操亦老而好學。你為什麼不求上進呢？我在少年時讀了很多書，覺得很有長進。你年輕、聰明，如果能多讀些史書和兵書，一定能取得更大的成就。」呂蒙聽了很感動，從此勤奮學習，果然收到很大成效。

釋義 手不離書本。形容勤奮好學。

造句 這孩子雖然才十幾歲，但卻心懷大志，常常手不釋卷，實在是難能可貴。

毛遂自薦

西元前 258 年，秦國軍隊包圍趙國的國都邯鄲。趙王讓平原君出使楚國，請求楚王出兵解圍。

平原君臨行前，要從他門下數千名門客中挑選出二十名文武雙全的人與他同去。平原君挑來挑去，只選出十九名，再也選不出一名中意的人來了。

這時，一個叫毛遂的門客向平原君自我推薦說：「既然還少一個人，算我一個怎麼樣？」平原君笑著說：「有本事的人就

好像錐子放在布袋裡，一定會立刻露出尖鋒來。你來了好幾年了，沒有人說起你有什麼突出的才能啊。你還是留在家裡吧！」毛遂說：「可是這幾年來您從來沒有把我像錐子一樣放在布袋裡啊，要是早把我放在袋子裡，那錐尖兒早露出來了。」平原君見他出言不凡，就准許他一起出發。

到了楚國，毛遂果然憑著他的機智與勇敢說服了楚王。於是，楚王與平原君簽定了出兵援趙、兩國立盟的條約，發兵救趙。

釋義 比喻自告奮勇或自我推薦去做某件事。

近義 自告奮勇

反義 推三阻四

造句 在競選班幹部的班會上，小剛毛遂自薦當了體育股長。

成語知識連結

平原君趙勝與楚國的春申君、齊國的孟嘗君、魏國的信陵君齊名，合稱「戰國四公子」。他們高居相位，招賢納士，收養了許多有知識、有才能的人。傳說他們門下的食客，多達數千人。在這次國家危難之時，平原君在爭取楚王支援的同時，又極力爭取魏國援助，他數次誠懇的遣書於魏王及魏公子信陵君。信陵君被趙勝的愛國心感動，最後竊符救趙，擊退了秦國的進攻。

登堂入室

子路是孔子的一名學生，很有才華。

一次，子路到老師家裡去，一坐下便開始鼓瑟。因為他性情剛烈，那弦律就充滿了戰爭的激情，使人彷彿聽到戰場上的衝殺聲。孔子平常是主張「仁」和「中庸之道」的，他覺得子路的瑟聲殺氣太重，不夠平和，於是對其他弟子說：「他為什麼要在我家裡鼓瑟呢？」

孔子的弟子們聽出孔子對子路的不滿，就在背後紛紛議論。孔子了解到這種情況後，說：「子路鼓瑟的本領已經可以登上廳堂了，只是還不能進入內室。」

孔子的意思是子路在音樂方面已經入門了，而且有一定的成就，但是還沒有達到非常高深的境界。經孔子這麼一解釋，大家便改變了對子路的態度。

釋義 比喻學識由淺入深，逐步達到很高的成就。

造句 你才讀了幾天書，就奢望能登堂入室，怎麼可能呢？

成語知識連結

《論語》是孔子的弟子和再傳弟子追記孔子與其弟子的言論集結而成的。全書二十篇，四百九十八章，是儒家思想和中國文化重要的典籍。《論語》的思想，融政治、道德與教育為一體，而中心是做人的道理，其中包含了許多有普遍意義的原則，書中的許多句子都成為格言，流傳於後世。

從容不迫

莊子是戰國時期的大哲學家，集道家思想之大成，他對名利非常淡泊，卻喜好沉思，對各種事物都有自己獨到的見解。

一天，他和好友惠子同去濠水邊遊玩，只見水流緩緩，清澈見底，石縫之上，魚兒悠閒的擺動著美麗的尾鰭。莊子不由得讚嘆說：「你看這些魚兒，在水裡游得多麼快樂啊！」惠子說：「你不是魚，怎麼知道魚的快樂呢？」莊子說：「你不是我，怎麼知道我不曉得魚的快樂呢？」惠子說：「我不是你，不知道你的內心，可是你也不是魚，怎能知道魚的快樂呢？」莊子回答道：「因為我到了濠水橋上，看見魚兒從容不迫、自由自在的游，所以覺得魚很快樂。」

這時風在吹，柳在搖，水在流，莊子和惠子在辯論著，小魚兒依然從容不迫的悠遊著。

釋義 形容不慌不忙，沉著鎮定。

反義 驚慌失措

造句 小胡年齡雖小，但能從容不迫的回答記者所提出的各種問題，顯得十分自信。

成語知識連結

在《莊子》書中，有很多關於莊子和惠施辯論的故事，其中最有名的就是關於魚之樂的辯論。莊子從欣賞和美感出發，感覺到魚的快樂，而惠施卻從人的認識出發，認為人不可能知道魚的快樂與否，兩人的出發點不同，當然也就有不同的結論了。其實莊子最欣賞的是魚這樣的生活態度，悠然自得，從容不迫。

分道揚鑣

南北朝時期，北魏有一位名叫元志的人，他聰慧過人，飽讀詩書，被封為洛陽令。他仗著自己的才能，有些看不起朝廷中的某些達官貴族。

有一次，元志出外遊玩，正巧御史中尉李彪的馬車從對面飛快駛來。照理，元志官職比李彪低，應該讓路給李彪，但他一向看不起李彪，偏不讓路。李彪見他這樣目中無人，當眾責問元志：「我是御史中尉，官職比你高，你為什麼不讓路？」元志說：「我是洛陽的地方官，你在我眼中，不過是洛陽的一個百姓，哪裡有地方官給百姓讓路的道理？」他們兩個互不相讓，爭吵起來了。

於是他們請孝文帝評理。孝文帝聽完他們的爭論，笑著說：「你們各有各的道理。你們可以分開走，各走各的，這不就行了嗎？」

釋義 分開馬路，驅車前進。是指分道而行，也比喻因思想、志趣不同而個人做個人的事。

近義 各行其是/各從其志

反義 志同道合

造句 王家兩兄弟在父親死後，就分道揚鑣，各奔前程了。

為虎作倀

很久以前，有一隻非常凶殘的老虎，因為林中的動物都被它吃光，找不到食物，餓得發慌。忽然，牠發現林中的一條路經常有人經過，就守候在路邊準備吃人。有一天，有位叫倀的人路過這裡，老虎迅速的撲上去，咬住他的喉嚨，拖到林中飽餐一頓。老虎想：「要是每天都有人肉吃該多好啊！」於是，老虎抓住倀的靈魂不放，對他說：「你必須找到另一個人給我吃，我才讓你的靈魂得到自由，投胎重新做人。」倀雖然已經死了，可是他的靈魂仍然害怕老虎，竟然點頭同意了。

於是倀的靈魂就開始到處去找人了，當發現有人經過時，就把他騙到林中，早已守候的

老虎連忙撲上去把人咬死。倀的靈魂為了討好老虎，竟上前把那個人的衣服脫掉，解開他的帶子，讓老虎毫不費力的吃掉。

老虎對倀的合作很滿意，不肯放倀的靈魂走。於是倀的靈魂也不去投胎做人，繼續幫老虎做吃人的勾當。人們就稱倀的靈魂為「倀鬼」。

釋義 古代迷信，傳說只要被老虎吃掉的人變成倀鬼，專門為老虎帶路去吃別人。後來比喻做惡人的幫凶。

近義 助紂為虐

造句 抗日戰爭時期，有一些漢奸為虎作倀，欺壓百姓，幹盡了壞事。

風吹草動

春秋時期，楚平王殺害了大臣伍奢，又追捕伍奢的第二個兒子伍員。伍員得到凶訊立即喬裝改扮，準備投奔到吳國去避難。

伍員匆忙的趕著路，來到一條江邊，但他怕追兵趕到，就躲藏在蘆葦之中。過一會兒，見到一艘漁船，他急忙的喊道：「漁父，快來渡我！」伍員上了漁船，漁翁見他舉止行為不是一般人，就問他到底是誰？伍員以實情相告，漁翁非常驚訝！到了對岸後，漁翁要他稍等一會兒，給他找點吃的。伍員等了一會兒，不見漁翁回來，心中生疑，怕

人來捉，一有風吹草動，就又躲到蘆葦深處。漁翁取來飯菜，不見伍員，便喊道：「蘆中之人，出來吧！我不會出賣你！」伍員走出來飽餐一頓，然後解下祖傳佩劍相送。漁翁說：「楚王高價懸賞捉拿伍員，自己都不貪圖，怎能接受寶劍呢？」伍員問漁翁的姓名，漁翁不圖報答，也沒有告訴他。而伍員囑咐漁翁，如有追兵來，請勿洩漏。漁翁見伍員有疑心，便投江而死，以此消除伍員的疑慮。後人就用「風吹草動，即便藏形」來形容人驚恐時的情景。

釋義　風一吹，草就擺動。比喻輕微的動蕩或變化。

造句　城牆四周有士兵守衛，只要一有風吹草動，他們便會出城搜查。

成語知識連結

伍員，字子胥。傳說伍員逃離楚國，投奔吳國途中，行到昭關時，關口已有畫影圖形緝拿他。伍員無路可走，正在危難時，幸好遇上隱士東皐公，留伍員住宿。伍員一連七天不能離開，急白了鬚髮。後東皐公設計，以貌似伍員的好友皇甫納假扮伍員，讓伍員混出關去。伍員逃到吳國後，幫助吳王滅了楚國，報了殺父之仇。

心懷叵測

三國時，曹操準備南下遠征，又擔心西涼地區的馬騰乘虛而入。荀攸獻計說道：「依我之見，不如下詔封馬騰為南下遠征將軍，將他騙到京師之後，就趁機除掉他。這樣，您的遠征就不會有什麼顧慮了。」

曹操聽後十分贊同，立即派人去西涼召見馬騰。馬騰接到召書，就與長子馬超商量對策。馬超思慮良久，說：「曹操藉天子的名義召見父親，如果不去，恐怕會背上違抗君命的罪名，我們不如帶兵前往京師，一有機會就殺了曹賊……」馬騰的侄子馬岱阻攔說：「千萬不要去，曹操心懷叵測，詭計多端，叔父如果中計，必定遭他殺害。」

馬騰再三考慮，決定讓馬超留守西涼，自己帶領兒子馬休、馬鐵和侄子馬岱直奔京師。

馬騰帶了五千兵馬駐紮在京師許昌城外，與曹軍的門下侍郎黃奎暗通設計想要殺曹操。不料曹操早有安排

，將馬騰和黃奎一舉除掉。

釋義 叵測：不可推測，不可度量。指內心險惡，不可推測。

近義 居心叵測/居心不良

反義 光明磊落/襟懷坦蕩

造句 由於受到心懷叵測的人挑撥，張、李兩家總是爭吵不休。

成語知識連結

曹操，字孟德，三國時期的政治家、軍事家、詩人。在鎮壓「黃巾起義」中積聚了力量，後「挾天子以令諸侯」，先後削平呂布、袁紹等割據勢力，統一了中國北方地區。在北方屯田、興修水利，促進農業生產的恢復。用人惟才，打破門第觀念，抑制豪強，加強中央集權。曹丕稱帝後，被追封為魏武帝。

以一當十

秦朝時，秦國舉兵攻打趙國，趙國大敗。楚王派大將宋義為上將軍，項羽為副將，率楚軍二十萬到巨鹿援救趙國。由於宋義在進軍途中按兵不動，項羽就殺了他，自封上將軍，率領官兵主力渡過漳河。

渡河以後，項羽命令將士每人帶三天的乾糧，把軍隊裡做飯的鍋全砸了，把渡河的船隻全鑿沉了，然後對將士說：「咱們這次打仗，有進無退，三天之內，一定要擊退秦兵。」

項羽的決心和勇氣，對將士起了很大的鼓舞作用。他們把秦軍包圍起

來，個個士氣振奮，越戰越勇。一個人抵得上十個秦兵，十個就可以抵上一百。經過激烈戰爭，殲滅了巨鹿的秦軍。這一仗不但解了巨鹿之危，而且秦軍從此再也振作不起來了。

當時，各路將領來救趙國的有十幾路人馬。可是他們害怕秦軍強大，都紮下營寨，不敢跟秦軍交鋒。等到項羽打垮了秦軍，請他們到軍營來相見的時候，他們都跪在地下爬著進去，連頭也不敢抬起來。

大家頌揚項羽說：「上將軍的神威真了不起，自古至今沒有第二個。我們情願聽從您的指揮。」從此以後，項羽實際上成了各路反秦軍的首領。兩年後，秦朝就滅亡了。

釋義 一個人抵擋十個人。形容武藝高強，鬥志旺盛。

造句 楚、秦爭戰，楚兵以一當十，打得秦兵落花流水，潰不成軍。

以卵擊石

有一年，墨子前往北方的齊國。途中遇見一位叫曰的人，對墨子說：「您不能往北走啊！今天天帝在北邊殺黑龍，您的皮膚很黑，去北方是不吉利的呀！」墨子說：「我不相信你的話！」說完，他繼續朝北走去。但不久，他又回來了，因為北邊的淄水泛濫，無法渡河。

曰得意的對墨子說：「怎麼樣？我說你不能往北走嘛！遇到麻煩了吧！」墨子微微一笑，說：「淄水泛濫，南北兩方的行人全都受阻。行人中有皮膚黑的，也有皮膚白的，怎麼都過不去呀？」

曰聽後支支吾吾說不出話來。墨子又說：「假如天帝在東方殺了青龍，在南方殺了赤龍，在西方殺了白龍，又在中部殺了黃龍，豈不是讓天下

的人都動彈不得了嗎？所以，你的謊言是站不住腳的，這就像拿雞蛋去碰石頭，把普天下的雞蛋全碰光了，石頭還是毀壞不了。」曰聽了羞愧的走了。

釋義 用雞蛋來碰石頭。比喻不估量自己的實力，自取滅亡。

近義 螳臂當車/自不量力/蚍蜉撼樹

造句 那支球隊擁有好幾位國腳，我們這支由業餘選手倉促組成的隊伍和他們交手，簡直是以卵擊石。

成語知識連結

墨子，名翟。戰國時期的偉大思想家、教育家。出身於平民，提出「兼愛」、「非攻」、「尚同」、「尚賢」等主張，創立了墨學。為了宣揚學說，曾率領弟子周遊列國。《墨子》是闡述墨家思想的著作，原有七十一篇，現存三十三篇。一般認為是墨子的弟子及後學記錄、整理、編纂而成的。

以逸待勞

漢朝末年，大將軍馮異奉命去攻占一座縣城。這時，敵人也想占領此地，並派出了比馮異更多的兵力向縣城出發。

馮異的部下勸馮異說：「敵人的兵力非常強大，我們還是撤退吧！」馮異堅定的說：「不行！只要我們趕在敵人前面進城，然後好好的休息，等疲勞的敵人來了，就一定能戰勝他們。」馮異命令軍隊急行軍，終於趕在敵人前面進入縣城。他叫士兵關好城門，不要走漏消息。然後，叫士兵們全部吃飽睡好。第二天，敵人趕到縣城的時候，一個個累得東倒西歪，誰都不願動彈了。他們看到城裡沒有動靜，正想進城休息。突然，戰鼓齊鳴，馮異的軍隊衝出縣城，殺聲震天，殺得無力應戰的敵人四處逃竄。後來，人們根據這個戰例組成成語「以逸待勞」。

釋義 指作戰時做好充分準備，養精蓄銳，等疲勞的敵人進犯時給予還擊。

近義 養精蓄銳

反義 疲於奔命

造句 在敵眾我寡的情況下，我們只能採取以逸待勞、避實就虛的戰術，才能取得戰爭的勝利。

成語知識連結

「以逸待勞」是《三十六計》中的第四計。《三十六計》是根據中國古代卓越的軍事思想和豐富的戰爭經驗總結而成的兵書。三十六計包括金蟬脫殼、拋磚引玉、以逸待勞、擒賊擒王、關門捉賊、混水摸魚、打草驚蛇、瞞天過海、反間計、笑裡藏刀、調虎離山、欲擒故縱、釜底抽薪、空城計等。

以身試法

王尊是西漢人，從小喪父，依靠伯父維生。他非常喜愛讀書，每天出外放羊時總要帶上一本書。十三歲那年，伯父介紹他到郡典獄長身邊當一名聽差。於是，他利用這個機會，刻苦學習，掌握許多刑法方面的知識。

一次，王尊到太守府辦事，太守很賞識他的才能，就留他做了文書副官。過了幾年，王尊升為安定太守。安定郡十分混亂，官僚作威作福，百姓怨聲載道。王尊一上任，就整頓吏治，並發出了告示：官員要忠於職守，貪贓枉法要立即改正，不要以身試法。

當時，有個心狠手辣的貪官叫張輔。他搜刮民脂民膏，貪汙了大量錢財，在告示貼出後仍然不知悔改。王尊把他逮捕法辦，抄出贓銀百萬。王尊還懲辦了一些罪行嚴重的豪強，安定郡出現了安定的局面。王尊嫉惡如仇，執法如山，受

到了百姓的尊敬和愛戴。

釋義 指明知違法，還要去犯法。

近義 知法犯法/明知故犯

反義 奉公守法/嚴守法紀

造句 明明知道聚眾賭博是違法的事，還要去做，這不是以身試法嗎？

以貌取人

孔子有很多弟子。其中一位叫宰予，能說會道，利口善辯，孔子一開始很喜歡他。但是時間長了，宰予就漸漸的露出了本性：既無仁德又十分懶惰，大白天不讀書聽講，躺在床上睡大覺。為此，孔子罵他是「朽木不可雕」。後來，宰予憑藉口才，當了齊國的大夫，又因與人密謀造反，被殺掉了。

孔子還有一位弟子叫子羽，相貌很醜陋，孔子開始認為他資質低下，不會成才。但他從師學習後，回去就致力於修身實踐，處事光明正大，不走邪路，不是為了公事，從不去拜見公卿大夫。後來，子羽遊歷到長江，跟隨他的弟子有三百人，聲譽很高，各諸侯國都傳誦著他的名字。

孔子聽說了這件事，感慨的說：「我只憑言辭判斷人品與能力的好壞，結果對宰予的判斷就錯了；我只憑相貌判斷人品與能力的好壞，結果對子羽的判斷也又錯了。」

釋義 是指以人的容貌判斷人的品質、才能。

造句 在日常生活中，如果我們以貌取人，就會與很多優秀的人失之交臂。

成語知識連結

「人不可貌相，海水不可斗量。」以貌取人，沒有任何科學依據，是不可取的。孔子是一個「知錯勿憚改」的人，所以他公開承認自己的錯誤，也使別人接受「以貌取人」的教訓。其實這樣的例子歷史上還有很多。例如：南宋宰相張浚認為秦檜「議論剛正、面目嚴峻、必不肯為非」，力主讓他參政，結果秦檜致使南宋向金屈膝求和，釀成大禍。可見評判一個人一定要公正、全面，不能一葉障目，不見泰山。

巧奪天工

東漢末年，上蔡縣令甄逸有個女兒長得十分漂亮，後來嫁給了曹操的兒子曹丕。曹丕建立魏國當了皇帝，甄夫人也就被立為皇后。曹丕對她寵愛有加，百依百順。當時甄夫人已經四十歲了，為了能得到曹丕長久的寵愛，每天都要精心打扮自己。

據說在甄夫人的庭院裡，有一條漂亮的綠蛇，嘴裡含著一顆紅色珠子。當甄夫人梳妝時，這條蛇就在她跟前盤成一個奇特巧妙的形狀，而且形狀每天一換。甄夫人就照蛇的形狀梳理髮型，精巧的程度勝過天然。人們都稱這種髮型為「靈蛇髻」。曹丕每次看見皇后，都覺得她依舊年輕漂亮，十分喜歡她。

甄夫人不但美貌如仙，且善良聰慧，很有才情。相傳曹植的《洛神賦》就是出於對甄夫人的仰慕而寫的。

釋義 人工的精巧勝過天然。形容技藝精妙高超。

近義 鬼斧神工/妙手天成

反義 粗製濫造

造句 建築工程師精心設計的街頭雕塑，真是巧奪天工。

打草驚蛇

唐朝時，當塗縣有位縣令叫王魯。他利用權勢，搜刮民財，貪贓枉法。縣衙的其他官吏也都跟著他收受賄賂，對老百姓敲詐勒索，目無法紀。

後來，有人寫了封信給王魯，狀告他的部下貪汙受賄。王魯看了信後，不禁心驚膽跳。因為信上寫的都是事實，而且許多罪行和他有關。他暗自慶幸這封信是落在自己手裡，如果這封信落到別人手裡，那麼後果不堪設想。於是，他隨手在告狀信上寫了八個字：「汝雖打草，吾已驚蛇。」意思是說，你在信中雖然打的是草，但已驚動了我這條草中的蛇。

「打草驚蛇」也是三十六計中的一計。指敵方兵力沒有暴露，行蹤詭祕、意向不明時，不能魯莽出兵。例如：春秋時期，秦穆公出兵伐鄭。秦國到鄭國路途遙遠，等秦軍到達時，鄭國早已做好準備，秦軍無功而返。經過崤山時，又中了晉軍的埋伏，秦軍一敗塗地。當然，軍事上有時也可故意「打草驚蛇」而誘敵暴露，從而取得戰爭的勝利。

釋義 打草時驚動伏在草叢裡的蛇。原比喻懲此戒彼，後來比喻因行動不謹慎而驚動了對方。

造句 在這次行動中，由於計畫不夠周密，結果打草驚蛇，讓罪犯逃跑了。

成語知識連結

這個故事選自唐代段成式所著的《酉陽雜俎》。《酉陽雜俎》是一部記錄當時社會生活方面的筆記小說，內容奇絕。其實中國古代典籍中有許多優秀的神話故事，像《山海經》、《列子》、《莊子》、《淮南子》、《列異傳》、《搜神記》、《搜神後記》、《述異記》、《酉陽雜俎》、《廣虞初新志》、《聊齋志異》、《西遊記》等。

功敗垂成

東晉時，前秦在北方迅速崛起，前秦皇帝苻堅不顧許多大臣的反對，親統大軍六十餘萬，號稱百萬，逼近淝水，想一舉消滅晉國。東晉宰相謝安命謝玄統兵八萬在淝水對岸安營下寨，準備迎敵。

謝玄抵達前線，立即給苻堅寫信挑戰。信中說：「將軍既犯我疆土，而在河邊列陣，顯然不想速戰速決。真打算決戰，請把兵營後移，讓我軍過河，一決雌雄，豈不爽快。」苻堅自恃兵力強大，於是下令後退。誰知軍令一下，前秦兵馬秩序大亂，失去控制。謝玄親率八千精銳騎兵強行渡河，苻堅在混戰之中被冷箭射傷，前秦兵馬潰不成軍，人馬互相踐踏，死

傷不計其數。

緊接著，晉軍乘勝北伐，很快收復了北方大片失地。這時朝廷官員有人妒忌謝玄的戰績，以鎮守淮陰為藉口調回了軍隊。謝玄眼看收復國土的大業轉瞬之間變成泡影，憂憤交集，不久即病逝了。

釋義 事情在將要成功的時候失敗了。含惋惜之意。

近義 功虧一簣/前功盡棄

反義 大功告成/功成名就

造句 這件事眼看就要成功了，不料出現了這種意外，功敗垂成，真是太可惜了。

成語知識連結

淝水之戰中苻堅吃了敗仗，他登上城樓，遙望晉軍。發現八公山上，草木搖動，以為是晉軍。前秦軍隊因此軍心大亂，一潰而不可收拾。這就是「草木皆兵」的由來。

世外桃源

西晉時，在武陵縣有個漁夫。一天，他划著船去捕魚，偶然發現了一條小溪，兩岸都是桃樹林，桃花盛開，景色秀美。他就沿著溪流向前划去，在桃樹林的盡頭，又發現了一個洞口。他信步走入，剛走了幾十步，忽然眼前一亮。原來有一個很大的村莊，那裡有肥沃的土地、整齊的房屋，大人們在愉快的耕作，小孩們在開心的玩耍，一副祥和的景象。

村民們見了漁夫，又驚奇又高興。他們告訴漁夫，他們的祖先在秦代時，為了躲避戰亂來到這裡，從此便和外界隔絕，都不知道現在是什麼年代了。他們很熱情的請漁夫輪流到家裡做客，臨走時叮囑他不要將村子裡的情況告訴外人。

漁夫從原路返回。一路上漁夫還做了許多記號，他想下次來時就不會忘了路。回到<u>武陵</u>後，漁夫把在村子裡的見聞告訴了太守。太守就叫漁夫帶路去找桃樹林，卻怎麼也找不到了。後來人們就把那個地方叫做「世外桃源」。

釋義 指虛構的、脫離現實的安樂美好的地方。

近義 洞天福地/人間仙境

造句 這地方風景優美，民風古樸，真可算是世外桃源。

東窗事發

南宋時，北方金兵入侵，宰相秦檜竭力主張投降。他認為岳飛是實現對金議和的最大障礙，便指使別人誣告岳飛謀反，把他逮捕入獄。但是，岳飛寧死不屈，不肯招認，秦檜無法給他定罪，便和他的老婆王氏在臥室東窗之下密謀對策。王氏陰險的說：「相公，縱虎容易擒虎難。如果現在不想辦法，將來後患無窮啊！」秦檜覺得王氏的話很正確，便授意諫議大夫萬俟等人偽造證據，以莫須有的罪名，把岳飛父子等殺死在獄中。

過了不久，秦檜便死了。沒過多少日子，他的兒子秦熹也死了。王氏心神不寧，便請來道士作法。那道士說他到了陰間，看到秦熹頭頸上套著沉重的鐵枷，並在酆都地獄看到秦檜和萬俟都帶著鐵枷，受著各種痛苦的刑罰。他告訴王氏，臨走時，秦檜哭喪著臉讓他帶話，就說東窗事發了。王氏

聽了道士的話，不禁目瞪口呆，不久就死了。

釋義 指陰謀敗露或祕密被發覺。

造句 他自以為這件事做得神不知鬼不覺，誰知還是東窗事發，等待他的將是法律的嚴懲。

成語知識連結

岳飛墓位於杭州西子湖畔，一旁為其長子岳雲之墓。闕牆下左右兩側的鐵柵內，有生鐵鑄成的秦檜等人四座銅像，門柱對聯寫著：「青山有幸埋忠骨，白鐵無辜鑄佞臣。」

目無全牛

古時候，梁惠王有一次請庖丁為他表演宰牛的技術。只見庖丁宰牛時，動作像跳舞一樣有節奏。不一會兒，一條牛就被肢解開了。梁惠王看了讚不絕口，就問庖丁：「你為什麼會有這樣高明的宰牛技術呢？」

庖丁回答說：

「我宰牛時講究一種高深的境界，已經超過一般的技術水平。開始解牛的時候，看到的是整頭牛，不知該從哪裡下刀。幾年以後，我對牛的全身結構，包括哪裡有空隙，哪裡有筋骨，都完全清楚了，我已不再注意牛的外形。解牛時，憑感覺就知道哪裡能下刀，哪裡不能下刀。我按牛的各部位結構，割開筋骨相連的部分，順著骨節間的空隙逐步肢解。這樣一刀下去，連小的骨頭都不會碰到，更何況是大骨頭呢？」

梁惠王聽完了庖丁的話，深受啟發：凡事都要按規律，才能辦得好。

釋義 比喻技藝高超。也比喻洞察事理，辦事精熟。

近義 庖丁解牛/遊刃有餘

造句 他的解剖技術爐火純青，簡直到目無全牛的境地。

嘆為觀止

西元前544年，為了表示吳國的友好，吳王派季劄出訪諸國。

到了魯國，魯襄公熱情款待了他，並請他觀樂。樂工演奏《周南》和《召南》。季劄說：「美啊！雖辛勞但無怨言，從音樂中聽出，這是周朝王業創建初期。」樂工演奏《衛風》，季劄說：「美啊！雖遭坎坷，但其精神不困頓頹唐，我聽說衛康叔、衛武公的德行就是如

此，這是《衛風》吧？」演奏《鄭風》，季劄說：「這個國家恐怕要滅亡吧？歌聲反映出這個國家政令苛細，人民難以忍受。」之後，又演奏《小雅》、《大雅》，季劄說：「樂曲寬緩，和諧安樂，這是周文王的美德！」當欣賞到《韶簫》時，季劄說：「上天覆蓋著眾生，大地承載著萬物，這表現的一定是舜的美德，沒有更好的了，觀樂就到這裡吧！如果還有別的音樂，我不敢再欣賞了。」

釋義 嘆：讚嘆。觀止：看到這裡就停止，不再看別的了。讚美所看到的事物好到了極點。

近義 盡善盡美

反義 平淡無奇

造句 這場雜技表演技藝高超，精采極了，真令人嘆為觀止。

葉公好龍

春秋時期，楚國有個人叫葉公，非常喜歡龍。他隨身佩帶的武器上都裝飾有龍紋，家裡的柱子、門窗和牆上也都畫著龍的圖案。葉公愛龍的名聲慢慢就傳開了。

當消息傳到天龍那裡，天龍聽說人間有人對它這樣喜愛，就決定去人間看望葉公，並表示謝意。

這天，葉公正在睡午覺，突然風雨大作，雷聲隆隆，把他驚醒了，他趕緊去關門窗。當他走近窗戶時，天龍已經把頭從窗口伸進來了。葉公一見，奪門就逃。他逃到堂屋，又看見一條巨大的龍尾橫在當中，擋住了去路。葉公嚇得魂不附體，倒在地上不省人事。天龍看到葉公這副模樣，大失所望，十分掃興的飛回天上去了。從此，人們知道葉公並

不是真正愛好龍，只不過是虛張聲勢罷了。

釋義 指表面上顯得喜愛某事物，實際上並不真正喜愛。

近義 口是心非/心口不一

反義 言行一致/表裡如一

造句 他經常要大家多提意見，可是當別人真的提出意見時他卻板起了臉孔，這與葉公好龍有什麼區別！

成語知識連結

喜歡什麼，嘴上說的僅只是表象，只有心中實實在在的喜歡，做到言行一致，表裡如一，那才可以使人信服。例如，有些小朋友喜歡古箏，覺得古箏的聲音很好聽，就買了古箏。可是一旦真正學起來才知道不是那麼容易，必須下一番工夫才行。於是半途而廢，古箏成了擺設，這就犯了和「葉公好龍」一樣的毛病。

生花妙筆

李白是唐代的著名詩人。他的詩具有豐富的想像力和強烈的浪漫主義色彩，因此他被後人稱為「詩仙」。

傳說李白年少時，曾做過一個奇怪的夢。他夢見自己往常寫字的那枝筆，筆頭上居然開出一朵鮮豔的花，還有一張張的白紙，紛紛飛到他的面前。他興奮極了，抓起那枝筆飛快的在紙上寫起字來，但出現在紙上的不是字，而是一朵朵盛開的鮮花。

從此以後，李白用功讀書，體驗生活。他遊歷了全國的名山大川、名勝古蹟，足跡遍及大江南北，並在旅

途中創作了大量優秀的詩篇，以飽滿的激情謳歌了唐代的大好江山，給後人留下了一筆寶貴的財富。

釋義 比喻傑出的寫作才能。

近義 生花之筆/神來之筆/下筆如有神

反義 平淡無奇/平鋪直敘/索然無味

造句 這個故事本來平淡無奇，但經過作者那枝生花妙筆的渲染，變得非常精采。

成語知識連結

關於李白的死有各種說法。一種是病逝，一種是縱酒過度而死，而最富有浪漫色彩的說法是「溺死說」。李白愛酒，也愛月，由於對現實不滿，詩人總是嗜酒賞月，追求一種自由的境界。所以有一種傳言說李白在江上賞月，喝醉了，看到水面上的映月，彎腰去撈，結果溺水而死。

瓜田李下

南北朝時期，北齊有位名人叫袁韋修。他學識淵博，很有才華，待人處事謹慎穩重，年紀輕輕就做大官。

袁韋修為官清廉，從不收受賄賂，得了一個「清郎」的雅號。有一次，袁韋修到各地巡查，路經兗州。當時在兗州任刺史的是袁韋修的老朋友邢邵，他給袁韋修送來一匹白綢。袁韋修謝絕說：「我這次路過這裡，與往常不同。這次要考查各地官員，公務在身。古人說：『路過瓜田時，不要彎下腰去提鞋子；到了李樹下，不要伸手去整理帽子。』這樣做的目的都是為了避嫌。你的心意我領了，但這東西我不能收。我不能給人留下履行公務時在兗州接受禮物的話柄。」

釋義 比喻容易招致嫌疑的地方。

近義 瓜李之嫌

造句 沒事你別老往財務室去串門子，瓜田李下的，丟了東西誰都說不清。

令行禁止

商朝末年，紂王殘暴成性，周伯姬昌預料紂王的統治不會長久了，便四處網羅人才，積蓄力量，準備伐紂。當力量越來越大時，姬昌卻患了重病。姬昌去世前，把兒子姬發叫來對他說：「我一生的願望是除紂興邦。你如能做到有令即行，令行即止，那就是建立王朝事業的開端。希望你能實現我的願望。」姬發立志滅商，兩年後，姬發起兵伐紂，逼得紂王自殺身亡。

釋義 有令必行，有禁必止。形容法紀嚴明，嚴格執行。

造句 我們這個地區向來都是令行禁止，人人遵紀守法，所以治安特別好。

樂不思蜀

三國時期，劉禪在父親劉備死後，做了蜀國的皇帝。他整天不理政事，只顧吃喝玩樂。沒有幾年，蜀國就被魏國消滅。魏帝把劉禪趕出蜀都，命令他遷到洛陽居住。劉禪在魏國仍然只知享樂，根本不把亡國當回事。

有一天，魏國大將司馬昭請劉禪吃飯，特意安排表演蜀國的雜戲，藉機羞辱劉禪等人。在場的蜀國舊臣看了表演，觸景生情，難過的掉下了眼淚。劉禪不但不難過，反而高興的拍手叫好，沒有絲毫傷心的樣子。司馬昭故意問劉禪：「你在這裡過得還開

心吧！想不想蜀國呀？」劉禪居然高興的說：「這裡有吃有玩，比蜀國強多了！」

釋義 比喻樂而忘返或樂而忘本。

近義 樂而忘返/樂而忘本

反義 飲水思源

造句 你到了大都市，可不能樂不思蜀，忘記生你養你的故土啊！

外強中乾

春秋時期，晉獻公死後，晉國公子夷吾結束逃亡生活，回到晉國繼承王位，即晉惠公。

夷吾在逃亡生涯中，曾經答應過秦穆公，若是有一天能夠有機會回國當上國君，他就割讓給秦國五座城鎮，以報答逃亡之時的救命之恩。可是，當夷吾真的成為晉國的國君之後，卻沒有兌現諾言。

後來秦國發生飢荒，晉惠公也沒有伸出援手幫助秦國，秦穆公為此懷恨在心。後來，秦穆公發兵攻打晉國，勢如破竹。為了抵抗強大的秦軍，晉惠公親自領兵出征。他下令拉戰車的馬，一定要用鄭國的駿馬。有位大臣連忙對晉惠公說：「鄭國的馬看起來很強壯，實際上卻很虛弱，打起仗來容易受驚，很難駕馭。」但是晉惠公不聽大臣的勸告。果然，在戰場上晉惠公的馬就因受驚不聽指揮，晉惠公被秦軍捉住，當了俘虜，晉國因此大敗。

釋義 泛指人或事物表面很好、很強大，實際上卻很差、很空虛。

反義 內剛外柔

造句 你不要看他氣勢洶洶，張牙舞爪，實際上他是外強中乾，並沒有什麼了不起。

鳥盡弓藏

釋義 飛鳥獵盡了，就把弓收起來。後比喻事情成功以後，出過力的人就被拋棄了。

造句 歷史上有不少人出生入死，建功立業，卻落得鳥盡弓藏的下場。

春秋末年，吳越爭霸，越國戰敗。後來越王句踐臥薪嘗膽，起用文種和范蠡等賢臣良將，十年後終於打敗了吳國，洗刷了國恥。

戰爭結束後，范蠡卻不知去向。不久，文種收到一封來信，信中寫道：「飛鳥盡，良弓藏；狡兔死，走狗烹；敵國滅，功臣亡。越王只能與人共患難，不能與人同享樂。你為什麼還不離開呢？」文種才明白范蠡已經躲起來了。果然過沒多久，文種就被迫自殺了。

半途而廢

東漢時，河南郡有位名叫樂羊子的人，他的妻子非常賢慧。一次，樂羊子在路上撿到一塊金子，回到家裡把它交給妻子。妻子對他說：「我從前聽人說：『壯士不飲盜泉之水，廉者不受嗟來之食。』路上撿來的金子，怎麼可以拿回家來呢？」樂羊子聽了非常羞愧，就把那塊金子扔到野外，出門拜師求學。

有一天，樂羊子突然回來了。妻子驚訝的問：「你的學業這麼快就完成了？」樂羊子回答說：「學業還沒有完成，可是我在外面，天天想念妳，所以回來看一看。」他的妻子聽了以後，轉身拿起織布機上的一把剪刀，咔嚓幾下把已經織好的布剪斷，然後對他說：「這織布機上的布，是一絲一線累積成尺、成丈、成匹，現在我把它剪斷了，就是前功盡

棄，白白浪費了時間。你讀書求學，不是也和我紡線織布同一個道理嗎？怎麼可以半途而廢呢？」樂羊子很慚愧，於是立刻離開家，繼續拜師求學，直到學成方才歸來。

釋義 半路上停下來不再前進。比喻做事有始無終，不能堅持到底。

近義 前功盡棄/功虧一簣

反義 持之以恆/鍥而不捨

造句 這件事情你既然答應了人家，就絕不能半途而廢。

成語知識連結

這個故事說明，無論是做學問還是做工作，都要有毅力，堅持不懈，才能成功。狄更斯說：「頑強的毅力可以征服世界上任何一座高峰。」所以有了困難不要怕，只要能堅持下去，一定會有光明的前景。

寧為玉碎，不為瓦全

南北朝時期，有位名叫元景安的人，他本是魏國昭成王的五世孫，祖父、父親都是朝廷的大官。

後來，東魏丞相高洋毒死了皇帝元善見和他的三個兒子，滅掉了東魏，奪取皇位。

但高洋擔心自己的皇位又被別人奪走，就問親信：「從前王莽奪取了漢朝天下，為什麼後來劉秀又能奪回去呢？」親信知道高洋的心思，就暗示他要斬草除根。於是高洋就對元氏的舊臣和近親大加剿殺。這時，元景安為保全性命，向高洋請求將自己的姓氏改為高，以博得他的歡心。元景安有個堂弟，名叫元景皓，聽說了這件事，氣憤的責問他說：「你怎麼能拋棄本姓，隨人家的姓呢？大丈夫寧做玉器被打碎，也不能做塊泥瓦而得保全啊！」

第二天，元景安把堂弟的這番話告訴了高洋，高洋大怒，立即斬殺了元景皓。

成語知識連結

瓦和玉在這裡指的是不同的品行，但玉碎比瓦全有意義。做人要堂堂正正，正氣凜然，讓大家敬仰；而不能貪生怕死，苟且偷生，讓世人唾棄。為了保全自己而不惜出賣國家和集體利益的人會被人們唾罵；為了正義而寧死不屈的革命者，將永世被人民懷念和讚美。

釋義 寧可做玉被打碎，也不做瓦而得以保全。比喻寧為正義而犧牲生命，也不苟且偷生。

近義 堅貞不屈/寧死不屈/誓死不屈

反義 苟且偷生

造句 當敵人勸她投降的時候，秋瑾抱著寧為玉碎、不為瓦全的決心，誓死不降。

司空見慣

劉禹錫是唐代著名的文學家、詩人。他雖然很有才氣，但為人放蕩不羈，不拘小節，因此受到京城得勢小人的排擠，被貶到蘇州做刺史，人稱「劉刺史」。在蘇州，他和另一位文學家李紳往來密切，兩人結下深厚的友誼。李紳做過司空這一官職，人稱「李司空」。

有一次，李紳準備美酒佳餚，宴請好友劉禹錫，並請了幾名歌女唱歌助興，兩人飲酒暢談。幾杯酒下肚後，劉禹錫有些微醉，看著歌女美麗的面容，聽著她們動人的歌聲，不禁詩興大發，於是舉著

酒杯站起來，朗聲吟道：「高髻雲鬟宮樣妝，春風一曲杜韋娘。司空見慣渾閒事，斷盡蘇州刺史腸。」意思是說，你這位司空大人，可能過慣了這種奢華的生活，覺得不足為奇，非常平常，但是，對於我這樣清貧的刺史，卻是難得一見，真讓人惆悵萬分，肝腸寸斷啊！

釋義 形容某事常見，不足為奇。

近義 屢見不鮮/習以為常

反義 少見多怪/鳳毛麟角

造句 她的反覆無常、驕橫跋扈，我們早已司空見慣了，用不著理她。

出爾反爾

戰國時，鄒國與魯國交戰，鄒國戰敗，死傷了不少將士。鄒穆公很不高興，問孟子道：「在這次戰爭中，我手下的官吏死了那麼多，可是老百姓卻沒有一個去為他們拚命的，他們眼看長官被殺，卻不去營救，可恨得很。要是殺了這些人嘛，他們人太多，殺也殺不完；要是不殺嘛，卻又實在讓人生氣。您說該怎麼辦才好呢？」

孟子回答說：「記得有一年鬧災荒，年老體弱的百姓餓死在山溝荒野之中，壯年人外出逃荒的有千人之多，而大王的糧倉還

是滿滿的，國庫也很充足，管錢糧的官員並不把這嚴重的災情報告給您。他們高高在上，不關心百姓的疾苦，而且殘害百姓。」

孟子接著又說：「孔子的弟子曾子曾經說過：『出乎爾者，反乎爾者也。』你怎樣對待別人，別人也如何對待你。如今百姓有了一個報復的機會，就要用同樣的手段來對待那些長官了。所以，大王不要去責怪他們、懲罰他們。如果能夠實行仁政，您的百姓就自然會愛護他們的長官，並且願意為他們獻出生命。」

釋義 你怎樣對待別人，別人也會怎樣對待你。後用來指言論和行動前後自相矛盾，反覆無常。

近義 反覆無常/言而無信

反義 言而有信/一諾千金

造句 你總是這樣出爾反爾，誰還敢跟你合作？

成語知識連結

大到國家，小到個人，不能出爾反爾、言行不一致。昨天你答應借給小明剛買的故事書，今天你又怕他把書弄壞了，沒有帶來，這就是出爾反爾，是不誠信的表現。

對牛彈琴

東漢末年，有位對佛經很有研究的學者叫牟融。他總是用《論語》、《尚書》等儒家經典來給儒家學者宣講佛義，而不是直接用佛經來講解。有人不贊同這種做法，牟融就講了一個故事：

古時候有個叫公明儀的琴師，演奏技藝高超，很受人讚頌。有一天，他攜琴出門訪友，經過一個山清水秀、花草遍野的地方，不禁心曠神怡，可以看到不遠處有條牛在吃草，於是想為牛演奏一曲。他端坐牛前，撫弦弄琴，傾心演奏了一首很高雅的曲子。可惜的是，牛只顧埋頭大嚼青草，沒有一點反應。

公明儀大為掃興，轉念一想，牛不解音，大概是自己選錯了曲子吧！

於是，他又接著彈起來，這時的琴聲一會兒像蚊子嗡嗡，一會兒像牛犢哞哞。只見牛停止了吃草，抬起頭專注的望著公明儀。

釋義 比喻說話不看對象，對外行說內行話或對不講理的人講理。

近義 無的放矢

反義 有的放矢

造句 你對小孩講那麼高深的道理，簡直是對牛彈琴，他根本聽不懂。

成語知識連結

其實無論是人，還是動物、植物，都喜歡聽美妙的音樂，只是動、植物不善表達罷了。據說蔬菜聽到舒緩的音樂能增加產收，乳牛聽了優雅的樂曲能提高產奶量。可見，音樂真是很神奇啊！有時不妨「對牛彈琴」一番。

對症下藥

東漢時期，有位名醫叫華佗。他醫術高明，精通內、外、兒各科，並發明「麻沸散」，在醫藥界享有「藥到病除，妙手回春」的美譽。

在《三國演義》中，他曾為關羽刮骨療傷，救關羽一命。當關羽要給他謝金時，他辭謝不受，翩然而去。

有一天傍晚，兩個病人到華佗診所裡看病。他倆都說自己的頭非常痛，並且發燒很久了。華佗給他們切脈，診斷後，便給他們各開了一副藥方，並告訴他們服藥的方法。兩人一看藥方，各不相同，覺得很奇怪，就問

：「我們病症相同，為什麼藥方卻不同呢？」

華佗回答說：「不錯。你們的病症都是頭痛發燒，這是相同的。但引起這種症狀的原因是不同的。一個是體內傷食，一個是外感風寒。病因不同，我當然要給你們開不同的藥了。」兩人服藥後不久，他們的病真的都好了。

釋義 醫生針對病症開方用藥。比喻針對問題所在，確定解決辦法。

近義 因地制宜/有的放矢/因材施教

造句 教育學生要根據每個人的實際情況對症下藥，才能取得較好的效果。

成語知識連結

華佗不但是神醫，而且創了一套鍛鍊身體的方法，即「五禽戲」。他認為人的身體必須經常活動，食物才好消化，血脈才流通，病也不易發生。例如：門軸不易腐朽生蟲，就是多動的緣故。他的「五禽戲」就是模仿虎、鹿、熊、猿、鳥五種禽獸的動作，組編而成的一套鍛鍊身體的方法。

老馬識途

西元前663年，燕國遭到山戎的侵略，燕國無力抵抗，就向齊國求救。齊桓公應燕國的請求，出兵伐戎。山戎人大敗，逃往孤竹國。齊桓公決定乘勝追擊，出征孤竹國，徹底消滅山戎人，永絕後患。

孤竹國地處偏僻的東北，山河阻隔，路途遙遠。齊桓公出兵時是初春時分，而凱旋的時候，卻已是深冬。在四顧茫茫的冰天雪地裡，根本就分不出東西南北，不熟悉地形的齊軍，在空曠的雪地中，轉了又轉，終於迷路了。日子一天天的過去，儲存的糧食也快吃光了，如果再找不到歸路，齊軍就要困死在這

兒了，齊桓公不知如何是好。管仲向齊桓公提議：「聽說老馬有認路的特長，在這緊要關頭，不妨藉助一下老馬的智慧。」於是，他們挑選出幾匹老馬，解開轡繩，讓牠們在大軍的最前面自由行走，結果這些老馬就像相互約好了似的，毫不猶豫的向著同一個方向前進。大隊人馬緊跟在後，終於走出了山谷。

釋義 指老馬認識走過的路。後比喻閱歷多、經驗豐富的人能看清方向、辦事熟悉。

近義 輕車熟路/駕輕就熟

造句 我們這一群人中，只有小張來過此地，所謂「老馬識途」，他自然該當我們的嚮導了。

芒刺在背

霍光是漢武帝時的重臣，擔任大司馬之職，掌管軍政大權。漢武帝去世後，他的權力更大了，甚至可以左右皇帝的廢立。

漢武帝以後，霍光先後擁立了劉弗陵和劉賀，但是劉弗陵不幸早逝，劉賀又因行為放蕩，不理朝政而被廢，最後選中了武帝的曾孫劉洵為帝。

劉洵因巫蠱事件而從小流落在民間，所以霍光上奏太后，先把劉洵封為陽武侯，然後立他為帝，這就是漢宣帝。劉洵即位以

後，按朝廷慣例要先到太廟祭祀，於是由霍光陪著一起乘車前往。在路上劉洵看見霍光威風凜凜的站在旁邊，心想霍光是漢武帝親封的大將軍，一直掌握著立廢君主的大權，不禁惶恐起來，覺得好像有芒刺扎在自己背上似的坐立不安。

一直到霍光去世後，漢宣帝才正式掌權，每次去祭祖改由車騎將軍張安世陪同，這種不安感才完全消失。

釋義 芒：草木果實外殼上的小刺。好像芒和刺扎在背上。形容極度不安。

近義 如坐針氈/坐立不安

反義 泰然自若/氣定神閒

造句 他只要和師長在一起，就顯得非常拘謹，如芒刺在背，坐立不安。

過河拆橋

封建科舉制度在選拔人才方面，存在著許多弊端，特別是到了元朝，各種營私舞弊的現象非常嚴重。於是，有人奏告元順帝，請求廢除科舉制度。

由於中國科舉制度自隋唐以來已經實行了七百多年，要廢除它是一件非常重大的事，因此在朝中引起了巨大的反彈。參政官許有壬表示反對，太師伯顏卻力諫皇上廢除舊的科舉制度。兩人為此爭執不休，各抒己見。最後皇上還是聽從了伯顏的建議。伯顏為羞辱許有壬，特命許有壬向百官宣讀廢除科舉的詔

書。

聽完詔書後，文武百官紛紛散朝回府。許有壬羞愧無地，正要離去。這時，侍御史普化走過來譏諷他說：「參政，你這回可成了過河拆橋的人了！」言外之意是，你許有壬是靠科舉當官的，今天卻是廢除科舉制度的帶頭人，就像一個人過了河之後就把橋拆掉一樣。

釋義 比喻達到目的後，就將幫助過自己的人拋開。

近義 忘恩負義/背信棄義

反義 投桃報李/知恩圖報

造句 商場如戰場，有的人為達到目的往往不擇手段，過河拆橋的事時有發生。

成語知識連結

科舉制度是中國歷史上通過考試選拔官員的一種基本制度。淵源於漢朝，創始於隋朝，確立於唐朝，完備於宋朝，興盛於明、清兩朝，廢除於清朝末年。根據史書記載，從隋朝大業元年（605 年）的進士科算起到光緒三十一年（1905 年）正式廢除，科舉制整整綿延存在 1300 年。

百尺竿頭

宋朝時期，有一位高僧名叫景岑，法號招賢大師。招賢大師佛學造詣極佳，學識淵博，時常到各地雲遊，傳經布道，積德行善。

有一次，招賢大師應邀到一座佛寺的法堂講經，前來聽講的僧人很多。大師講得深入淺出，真摯感人，在場的人都靜心肅聽，沒有任何嘈雜聲。招賢大師講經完畢後，一名僧人站起來，向他行了一個禮，然後提了幾個問題，請求大師作答。大師還了禮，慢慢的作答。那僧人聽到不懂的地方，又向大師提問，大師再做更深一步的闡述。就這樣兩人一問一答，氣氛親切自然。在場的僧人都非常羨慕，因為他們談論的是有關佛教的最高境界——十方世界的內容。

為了說明十方世界究竟是怎麼回事，招賢大師從懷中取出一張偈帖，所謂偈帖，就是佛教中記載唱詞的本子。只見偈帖上有這麼一段文字：「百丈的竹竿並不算高，尚需更進一步，才能達到最高的境界，這最高的境界，就是十方世界。」

釋義 佛教比喻道行達到很高的境界。也比喻學問、事業有很高成就。

近義 再接再厲/精益求精

反義 安於現狀/不思進取

造句 每一位傑出的運動員都希望能百尺竿頭，更進一步，創造更加輝煌的成績。

成語知識連結

王國維在《人間詞話》裡談到了「古今之成大事業、大學問者，必經過三種之境界」，第一境界是「昨夜西風凋碧樹，獨上高樓，望盡天涯路」，為求學與立志之境；第二境界是「衣帶漸寬終不悔，為伊消得人憔悴」，即為實現遠大理想而堅忍不拔；第三境界是「眾裡尋他千百度，驀然回首，那人卻在燈火闌珊處」，即功到自然成。

百步穿楊

戰國時期，秦國的將領白起，是位久經沙場、百戰百勝的名將。一次，秦王派他領兵去攻打魏國。周天子為阻止這場戰爭，派人向白起遊說。這個人見到白起之後，對白起講了一個故事。

楚國的一位將領，名叫養由基。他的箭術十分高超，能站在距離柳樹一百步的地方，射中柳枝上的葉子，並且百發百中。養由基憑著神箭手的本領，征戰南北，為楚國立下了汗馬功勞。

有一天，養由基又在練習箭法。他讓人選中柳樹上的某一片葉子，自己站在百步之外的某個位置上，開始拉弓射箭，箭又一次準確無誤的射中柳葉，人們紛紛稱讚他神奇精妙的箭法。在一片喝采聲中，一位老者站出來，對他說：「小夥子，你有百步穿楊的箭術，的確不簡單，但是只要一箭不中的話，你的神箭手美名就會受到影響啊！」

白起聽了這個故事，若有所悟的點了點頭。他想起自己百戰百勝的名聲，不知哪一日也會有被打敗的可能，因此便向秦王稱病，停止了向魏國的進攻。

釋義 形容射箭或射擊技術高明。

造句 他的槍法極準，能夠百步穿楊。

百感交集

西晉時期，持續多年的「八王之亂」帶給國家和人民無盡的災難。北方的匈奴貴族劉裕趁機起兵入侵，燒殺搶掠，無惡不作，人民生活在水深火熱之中。

衛玠在晉懷帝時任太子手下一個洗馬的小官，面對動蕩不安的局勢，他決定辭去官職，舉家南遷。他的哥哥因在朝廷擔任常侍，不肯南遷。於是，衛玠就告別了哥哥，帶著母親和妻子離開洛陽，一起南下。

衛玠一路上跋山涉水，飽受戰亂之苦，終於逃到江夏。在他即將橫渡長江的時候，回頭看了看京城洛陽，想到強敵壓境，不禁心情澎湃，對身邊的人說：「見到這白茫茫的江水，心裡不由得百感交集。只要是一個有感情的人，又有誰能排遣這萬千思緒和感慨呢？」

由於社會動蕩，民不聊生，衛玠南遷後也沒能過上安穩的日子。不久，他因積勞成疾，

一病而亡，年僅二十七歲。

釋義 無數感想交織在一起。

反義 無動於衷

造句 她緊緊摟住久別重逢的女兒，百感交集，忍不住哭了起來。

成語知識連結

「八王之亂」是西晉時期發生的爭奪中央政權的社會動亂。主要是西晉皇族的八個諸侯，即汝南王司馬亮、楚王司馬瑋、趙王司馬倫、齊王司馬冏、河間王司馬顒、成都王司馬穎、長沙王司馬乂、東海王司馬越。其持續時間長達十六年之久，對社會造成了極大破壞，成為西晉迅速滅亡的重要因素。

有恃無恐

春秋時期，魯國遭到了嚴重的災荒，齊孝公於是親率大軍，準備討伐魯國。魯僖公得知消息，派大夫展喜帶著牛羊酒食去犒勞齊軍。

展喜日夜趕路，在齊魯的邊界上遇到了齊孝公。展

喜對齊孝公說：「我們的君王聽說大王親自駕臨，特派我前來慰勞將士。」齊孝公聽了，傲慢的說：「你們魯國人感到害怕了嗎？」展喜不卑不亢的回答說：「那些沒有見識的人可能有些害怕，但我們的國君和大臣們卻一點也不害怕。」齊孝公說：「你們憑什麼不害怕呢？」展喜不慌不忙的說：「當初，魯國的祖先周公和齊國的祖先姜太公，忠心耿耿，同心協力的輔助周成王，終於使天下大治。周成王讓他倆立下盟誓，告誡後代的子孫，要世代友好，互不侵害，我們的祖先這樣友好，大王您怎麼會貿然廢棄祖先盟約，進攻我們魯國呢？我們正是依仗著這一點才不害怕。」齊孝公聽了，打消了伐魯的念頭，班師回國去了。

釋義 因為有依靠而不害怕，沒有顧忌。多含貶義。

近義 仗勢欺人/狐假虎威

造句 他父親是地方首富，所以他就有些有恃無恐，整天遊手好閒，惹事生非。

死灰復燃

漢景帝在位時，曾經因為一件小事對梁孝王很不滿意。多虧梁孝王的中大夫韓安國從中調解，才使梁孝王重新得到景帝的信任，韓安國從此聲名大噪。

不久，韓安國因為犯法被押往外

地治罪，看守他的獄吏田甲不時的侮辱他。有一次韓安國實在不堪忍受，就氣憤的說：「死灰獨不復燃乎？」意思是說，滅了的火難道就不能重新燃燒起來嗎？田甲聽完譏諷道：「如果你復燃，我就撒一泡尿澆滅它。」

後來，韓安國刑滿釋放，重新得到了重用。田甲知道後，非常害怕，急忙逃往外地。韓安國故意放出風聲：倘若田甲不及時回來，就殺掉他的全家。田甲沒有辦法，只好回來向韓安國請罪。

韓安國以同樣的諷刺口吻對他說：「現在死灰復燃了，你就撒尿來澆滅吧！」田甲嚇得面如土色，連連磕頭，請求饒命。誰知韓安國不但沒有處罰他，反而對他很友好。

釋義 冷卻的灰又重新燃燒起來。比喻失勢的人又重新得勢，也用來比喻已經消亡了的事物又重新活動起來。多含貶義。

近義 東山再起/捲土重來

造句 曾一度銷聲匿跡的電子賭博，最近又有死灰復燃之勢。

成語知識連結

韓安國是西漢時期影響較大的著名政治家之一。韓安國出生在今河南汝州市小屯鎮，自幼博覽群書，是梁孝王身邊的得力謀士。吳楚七國之亂時，梁孝王拜韓安國為將，統帥梁國兵馬，平息了吳楚之亂。漢武帝初年，韓安國根據形勢主張和親，在後來對匈奴的作戰中他也是重要的將領。

同仇敵愾

春秋時期，有一首流傳於軍中的歌謠，第一節是這樣唱的：「豈曰無衣？與子同袍。王于興師，修我戈矛，與子同仇。」意思是：誰說沒有衣服？我的戰袍就是你的戰袍。君王興兵打仗，快把刀槍修好，我與你共同對付仇敵。表現了士兵們慷慨從軍、同心對敵的樂觀精神。

西元前 623 年，衛國的寧俞出使魯國，魯文王設宴招待。席間，文王讓樂工演唱《湛露》和《彤弓》，寧俞聽後不作任何答謝之辭。文王很不理解，宴飲完畢後，派人私下詢問他是什麼原因？寧俞回答說：「當年諸侯以周天子對敵人的憤恨為同恨，所以為天子獻上戰功。天子為了酬謝諸侯，在酒宴中派樂工演奏《湛露》和《彤弓》。但如今我們衛國來到魯國表示友好，大王也命樂工演唱《湛露》和《彤弓》，我只好沉默不言了。」

「同仇」和「敵愾」兩詞分別來自以上的歌謠和寧俞的話。後來，兩詞連用表示對敵人的痛恨。

釋義 指大家一致痛恨敵人。

反義 同室操戈/自相殘殺

造句 面對外敵的侵略，全國人民同仇敵愾，終於取得了抗戰的勝利。

同甘共苦

戰國時，燕國太子姬平繼承了王位，稱燕昭王。當時，舉國蕭條，百廢待興，燕昭王有些束手無策。於是他請來謀士郭隗，誠懇的對他說：「你能否幫我找一些有才能的人來治理國家？」

郭隗說：「您誠心尋找有才能的人，就應該親自登門拜訪，這樣，天下的有志之士才能聚集到燕國來輔佐您。」「那我該先找誰才好呢？」郭隗回答：「您就先重用我這個本事平平的人吧！天下的能人見您對我這樣的人都如此重用，他們一定會來投奔您的。」

燕昭王立刻拜郭隗為師，並替他造了一幢漂亮的華屋。燕昭王真心求賢的消息一傳開，樂毅、鄒衍、劇辛等有才華的人便紛紛來到燕國，為燕昭王效力。燕昭王十分高興，個個委以重任，並關懷備至。燕昭王與他們同享安樂，共度苦難，終於使燕國強盛起來。

釋義 指共同享受歡樂幸福，共同承擔禍患苦難。

近義 休戚與共/風雨同舟

反義 自相殘殺/同室操戈

造句 當年我們在一起同甘共苦的日子，我是永遠也不會忘記的。

成語知識連結

《戰國策》記載了郭隗對燕昭王講的一個諷喻性故事，說有一位國王用千金買千里馬，三年不能得，後來他的侍臣花了五百金買了一匹死馬的骨頭回來，國王大怒。侍臣說，這樣一來，天下都知道你肯出高價買馬，好馬就會找上門來了。果然不到一年就得到了三匹千里馬。後以成語「千金買骨」比喻渴望求得賢能之人。

網開一面

夏桀是個殘暴的君王，他總是增收苛捐雜稅，濫殺無辜。老百姓生活在水深火熱之中，對他恨之入骨。商部落的首領湯看在眼裡，決心推翻他的統治。

有一天，商湯外出時，看見有個獵人在四個方向張開大網，正仰天禱告：「四面八方的鳥兒，都快快飛到我的網裡來吧！」

商湯聽了，非常氣憤，走過去對那人說：「你這樣太殘忍了，鳥兒全都被捉光了！」說完，便把捕鳥的網撤掉三面，只留下一面，然後對天禱告說：「鳥兒啊，你們想往左邊飛就往左邊飛，想往右邊飛就往右邊飛，想往高處飛就往高處飛。實在不想活的，就到網裡來吧！」

商湯對獵人說的話很快就傳遍了四方，各諸侯聽後都覺得商湯仁慈，都願意聽從他的指揮。於是他們團結起來，終於推翻了夏桀的統治。

釋義 比喻對敵人、罪犯等寬大處理。

造句 對待這些十惡不赦的犯罪分子絕不能網開一面，而應該將他們送上法律的審判台。

先發制人

秦朝末年，秦王昏庸無能，統治殘暴，人民紛紛揭竿而起，反抗暴政。有位叫殷通的郡守也想乘機推翻秦朝，於是就請來在吳中避難的項梁和項羽叔侄兩人共商大事。

項梁對殷通說：「現在各地義軍紛紛起義，正是消滅秦國的最好機會，先發動起義就能占據優勢，其他人就會服從自己；後發動起義就會處於劣勢，而被他人所制伏。我們應該早點起義才是。」但項梁看出殷通性格膽怯，難成大事，就讓項羽把他殺死，並收服了他的部下。同時打出滅秦的旗號，不斷召集人馬，壯大軍隊，逐漸成為秦末起義隊伍中力量最強的一支。

釋義 指爭取主動，先動手來制服對方。

造句 這場球賽，如果我們先發制人，給對方一個措手不及，這樣就勝券在握了。

仰人鼻息

漢獻帝時，有一些州、郡的官吏

互相攻伐，形成軍閥混戰的局面。渤海太守袁紹想攻占冀州，但苦於沒有合適的藉口，便採取了謀士逢紀的計策：一面寫信給北平太守公孫瓚，鼓動他引兵南下，進攻冀州；一面派荀諶、高幹等人去冀州對刺史韓馥說：「公孫瓚南下，袁紹也有所行動，看來你已經處在十分危險的境地了！為你著想，不如主動把冀州讓給袁紹，這樣，既可以獲得讓賢的美名，又可以保住自家性命，實在是兩全之策。」無能的韓馥竟然同意了。可是韓馥的部下極力反對，勸韓馥說：「冀州有強兵百萬，糧草充足，而袁紹不過是窮軍孤客，依賴我們的鼻息而活著，就像吃奶的孩子，斷了奶汁，立刻就會餓死，我們憑什麼把冀州讓給他呢？」但韓馥不聽，派自己的兒子將冀州牧的印綬送給了袁紹。

釋義 比喻依賴別人，看人的臉色行事。

造句 這種委曲求全、仰人鼻息的生活，我一天也不想再過下去了。

自相矛盾

古時候，有一個楚國人以賣兵器為生。

一天，他拿著長矛和盾牌到街上叫賣。他首先舉起了手中的盾，向著過往的行人大肆吹噓：「各位看官，請瞧我手上的這塊盾牌，這可是用上好的材料鍛造而成的好盾呀，質地特別堅固，任憑您用什麼鋒利的矛也不可能戳穿它！」一番話說得人們紛紛圍攏過來仔細觀看。接著，這個楚人又拿起了靠在牆邊的矛，更加肆無忌憚的誇口：「諸位豪傑，再請看我手上的這根長矛，它可是經過千錘百鍊打造出來的好矛呀，矛頭特別鋒利，不論您用如何堅固的盾來抵擋，也會被我的矛刺穿！」

這時，只見人群中站出來一位漢子，指著那位楚人問道：「你剛才說，你的盾堅固無比，無論什麼矛都不能戳穿；而你的矛又是十分鋒利，無論什麼盾都不可抵擋。那麼請問，如果我用你的矛來刺你的盾，結果又將

如何？」楚人聽了，無言以對，只好漲紅著臉，趕緊收拾好他的矛和盾，一溜煙的離開了市集。

釋義 比喻言行前後牴觸。

反義 表裡如一/言行一致

造句 我們說話、辦事都應該有一定的條理，不能自相矛盾。

成語知識連結

這個故事出自《韓非子》。《韓非子》是戰國韓非所撰，今存五十五篇，代表了春秋戰國以來散文的最高成就。其文辭鋒犀利，說理精密，分析透闢，且善於以寓言故事和歷史資料為論據，因而形象生動，感染力強。其代表篇章有《五蠹》、《說難》、《孤憤》等。

後生可畏

孔子是春秋時期著名的思想家、教育家。為了宣揚自己的政治主張，他經常外出遊歷。

有一天，孔子乘車外出。他看見幾個孩子在路上玩耍，只有一個小孩站在一旁觀看。孔子覺得奇怪，問他為什麼不和大家一起玩。

小孩很認真的回答說：「他們這樣一起廝打，很容易傷害身體，要是撕破了衣服，也沒有什麼好處。所以我不願和他們一起玩。」說著，這個小孩一個人去堆沙子玩了，不一會兒就堆成了一個城堡。孔子問他：「你在這裡築城堡，為什麼不避讓車子呀？」小孩頭也不抬的說：「我只聽說車子繞城走，從沒有聽說城堡避車子的！」

孔子非常驚訝，覺得這麼小的孩子，竟然會說話，實在是了不起，就誇讚的說道：「你這麼小的年紀，懂得的事理還真不少呢！」

小孩卻回答說：「我聽人說，魚出生三天就會游泳，兔子生下來三天就會跑，小馬出生三天就能跟著老馬行走，有什麼大小可言的呢？」孔子聽了非常感嘆的說：「真是後生可畏啊！」

釋義 指年輕人是新生力量，很有可能超過前人，因而值得敬畏。

近義 後來居上/後起之秀

造句 他小小的年紀就能寫出這麼好的文章，真是後生可畏啊！

成語知識連結

自從人類進入資訊化時代以來，越來越多的年輕人憑藉自己的聰明才智為社會創造了極大的物質、精神財富。英雄不論出處，英雄不論資歷，真是後生可畏啊！

後起之秀

東晉時的王忱在少年時代就顯露出才氣，很受親友推崇。他的舅舅范寧，是當時的經學家，對王忱也很器重，有文士來訪，他總讓王忱到場接待。

有一次，王忱去看望舅舅，遇到了比他早出名的張玄，舅舅要他倆互相交談。張玄早就聽說王忱志趣不凡，很想藉此機會認識他。他年齡比王忱要大，自然希望王忱先向自己打招呼，就端正的坐著等候。不料，王忱也默默坐著，一言不發。張玄見了，非常失望，怏怏不樂的離去。

事後，范寧責備王忱，王忱卻回答說：「他要是真心想和我來往，完全可以來找我談。」范寧聽了這話，

反而稱讚起外甥來了：「你這樣風流俊逸，真是後起之秀。」後來，范寧把這件事告訴了張玄，張玄覺得王忱與眾不同，便特地上門拜訪，王忱以禮相待，從此兩人成了好朋友。

釋義 指後來出現或新培育的優秀人物。

近義 後生可畏/後來居上

造句 近幾年來，體育界發展迅速，湧現了一大批後起之秀。

眾志成城

春秋時期，周景王想把天下流通的小錢，改鑄成一種大錢。單穆公勸諫說：「大王廢小錢鑄大錢，老百姓必定受損失。失去民心，國家就不好治理了。」周景王不聽，依然按照自己的想法改革幣制。

過了兩年，周景王為了個人行樂，下令把全國的好銅收集起來，鑄造兩口大鐘。大臣們認為這樣太勞民傷財了，紛紛勸

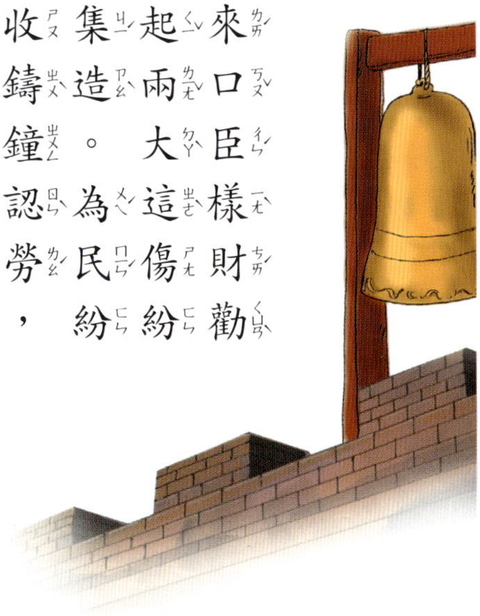

諫。周景王仍是不聽，下令鑄鐘。

不久，兩口大鐘鑄好了。周景王命人敲擊。聽到響亮的鐘聲，周景王問臣下：「這鐘聲和諧嗎？」樂官州鳩回答：「鐘聲確實悠揚響亮，可是天下老百姓聽了不會喜歡。因為鑄造大鐘，給老百姓帶來了沉重的苦難，弄得民怨沸騰，我不知道這鐘好在何處。俗話說：『眾志成城，眾口鑠金。』大家齊心協力，什麼事都能辦成；相反，大家都反對，就連金子也會熔化呀！」

釋義 眾人團結一致，力量有如堅固的城牆。比喻精誠團結，就能形成強大力量，取得成功。

近義 集腋成裘

反義 孤掌難鳴

造句 當洪水襲來的時候，全國人民眾志成城，終於取得了抗洪的勝利。

成語知識連結

狼牙山五壯士團結一致，共同抗敵，打退了敵人一次又一次的進攻，贏得了寶貴的時間，掩護了主力部隊轉移。說明只要大家精誠團結，就能形成一股堅不可摧的力量。在班級中，只要全班同學目標明確，齊心協力，就可能在任何的競賽中奪標。

眾叛親離

春秋時期，衛桓公的弟弟公子州籲陰謀篡位。西元前 719 年，州籲殺害了衛桓公，自己做了衛國的國君。

由於害怕國內人民反對，州籲開始對外征戰，以轉移人民焦點。他拉攏陳國、宋國和蔡國，一起攻打鄭國。但鄭國防守比較嚴密，州籲無功而返。魯國的隱公聽到了，就問大夫眾仲：「州籲這樣行事，能長久嗎？」

眾仲回答說：「州籲依仗武力，殺兄奪位，眾叛親離，他的政權怎麼會長久呢？並且，他窮兵黷武，給人民帶來更多的災難和痛苦，失敗的命運正等著他呢！」果然，不到一年時間，衛國老臣石碏在陳國的協助下，剷除了昏君州籲。

釋義 眾人背叛，親戚離開。形容完全孤立。

反義 眾星捧月/眾望所歸

造句 你若總是這樣一意孤行，遲早會眾叛親離。

眾怒難犯

春秋時期，子駟掌握了鄭國大權。大夫尉止與子駟平素不和，便糾集宗族的一夥人發動叛亂，殺死了子駟等人，並將鄭簡公劫持到北宮。後來，司徒子孔與子產一起平定了叛亂。

子孔做了鄭國的執政大夫。他製作盟書，要求所有的官員各守其位，聽從他的命令。有些人對此不滿，子孔就準備殺掉他們。

子產勸子孔燒毀盟書，他對子孔說：「眾人的憤怒不可冒犯，專權的欲望也是很難成功的，把這兩種難辦的事放在一起是危險的做法呀！不如燒掉盟書，安定人心，這樣國家才能夠長治久安。」子孔聽從了子產的勸告，當眾燒了盟書，於是鄭國安定下來了。

釋義 眾人的憤怒不可觸犯。

造句 你要知道眾怒難犯，如果你繼續販賣偽劣產品，會受到法律應有的制裁。

殺雞取卵

傳說從前有個老太婆養了一隻老母雞，這隻雞不僅長得高大肥碩，叫聲好聽，還有一個稀奇之處，就是每天會下一個金蛋。老太婆每天得到一個金蛋，就什麼事也不用做了，日子過得很不錯。可是她是個貪心的人，這隻雞一天只能下一個金蛋，老太婆覺得太慢了。她為了一下子收穫很多金蛋，就把雞給殺了。沒想到剖開雞肚子一看，裡面一個金蛋也沒有。她十分後悔，但已經來不及了。

釋義 為了要得到蛋，不惜把雞殺了。比喻貪圖眼前微小的好處而損害長遠的利益。

近義 涸澤而漁

反義 高瞻遠矚/深謀遠慮

造句 你這種欺騙顧客的行為，敗壞了商店的聲譽，是殺雞取卵的做法。

負荊請罪

戰國時期，趙國的藺相如因為多次立功，被趙惠文王拜為上卿，官位在名將廉頗之上。廉頗因此很不服氣，揚言要是遇見藺相如，就要當面侮辱他。

有一次，藺相如乘車外出，遠遠的看見廉頗也乘車迎面而來，藺相如趕忙命令侍從把車子拐進旁邊的小巷，避開廉頗。侍從對藺相如的做法感到十分不解，認為他躲避比自己官職低的人，過於軟弱。藺相如解釋說：「秦王難道不厲害嗎？連秦王我都不怕，又怎麼會怕廉將軍呢？我是覺得秦國之所以不敢輕易對趙國用兵，是因為有我和廉將軍在。如果我和廉將軍不能和睦相處，那麼秦國就會趁機侵略趙國。我這是為了國家的大局著想啊！」

這話傳到了廉頗耳中。廉頗被藺相如寬大的胸懷所感動，覺得十分慚愧。於是脫掉上衣，背上荊條，到藺相如府上請罪。藺、廉二人終於結成莫逆之交，為維護趙國的長治久安立下了汗馬功勞。

釋義 表示主動向對方承認錯誤，請求責罰。

近義 肉祖負荊

反義 興師問罪

造句 那件事是我的過錯，今天我負荊請罪，希望您能原諒。

成語知識連結

犯了錯並不可怕，只要勇於承認錯誤，仍然是一個可敬的人。老將廉頗因錯怪了藺相如，就背著荊條請求藺相如責罰，那是因為他把國家的利益看得高於個人利益。同學們如果能做到知錯必改，就一定能取得長足的進步。

各得其所

昭平君是漢武帝的外甥。他的母親隆慮公主知道他倚仗權勢，經常為非作歹，擔心自己死後，昭平君會犯死罪卻無人救他，便在病重時對武帝說：「陛下，我願以一千兩黃金和一千萬銅錢，為昭平君預贖死罪。」這種事沒有先例，但漢武帝見她病得很重，為了安慰她，也就點頭應允了。

隆慮公主死後，昭平君果然酒後殺人，被捕入獄。武帝非常難過，嘆息道：「我妹妹很晚才生這個兒子，死前把他託付給了我，現在要判他死罪，我實在不忍心呀！」左右的大臣們都說：「公主早已替他贖了死罪，陛下就赦免他一次吧！」武帝搖搖頭說：「法令是先帝制定的，必須遵守。如果因為是我的親屬而破壞法令，豈不失信於民？」最後，武帝狠下心

，還是下詔處死了昭平君。

處死昭平君以後，武帝心裡很難過。太中大夫東方朔看出了武帝的心思，就祝酒相勸說：「賞功不避仇敵，罰罪不虐骨肉，這兩點陛下都做到了，四海之內的百姓就會各如其所願啊！」

釋義 指各自得到自己所需的東西。也指每個人或事物都得到適當的安置。

反義 適得其反

造句 在政府廉潔清明的治理下，老百姓各得其所，安居樂業。

名落孫山

宋代有位名叫孫山的才子，他為人風趣幽默，人稱為「滑稽才子」。

一次，他和一位同鄉的兒子去京城參加舉人的考試。放榜的時候，孫山的名字列在榜文的倒數第一位，而他那位同鄉的兒子則榜上無名。

不久，孫山先回到家裡，同鄉便來問他兒子有沒有考取。孫山既不好意思直說，又不便隱瞞，於是，就隨口吟出兩句詩來：「解元盡處是孫山，賢郎更在孫山外。」解元，是指我國科舉制度所規定的舉人第一名。而孫山在詩裡所謂的「解元」，乃是泛指一般考取的舉人。他的意思是說：「舉人榜上的最後一名是我孫山，而令郎的名字卻在我孫山的後面。」從此，人們便根據這個故事，把投考學校或參加各種考試沒有被錄取的叫做「名落孫山」。

釋義 指考試不中，或選拔未被錄取。

近義 榜上無名

反義 金榜題名

造句 他雖然在這次高考中名落孫山，卻沒有氣餒，決心好好複習，明年再考。

成語知識連結

科舉考試分為地方考試和京師考試。唐及五代稱為「解試」和「省試」。宋太祖開寶六年（973 年）創立殿試，遂成「解試」、「省試」和「殿試」三級考試制，並為後代所沿襲。元、明、清各朝，改稱為「鄉試」、「會試」和「殿試」。

多多益善

劉邦稱帝後，韓信被封為楚王。不久，劉邦接到密告，說韓信接納了項羽的舊部鍾離昧準備謀反。於是，他假稱自己準備巡遊雲夢澤，要諸侯前往陳地相會，然後趁韓信來到陳地之際，下令逮捕了他，押回洛陽。回到洛陽後，劉邦知道韓信並沒有謀反的想法，又想起他過去的戰功，便把他貶為淮陰侯。

一天，劉邦把韓信召進宮中閒談，要他評論一下朝中各個將領的才能，韓信一一說了。劉邦聽了，便笑著問他：「依你看來，像我能帶多少人馬？」「陛下能帶十萬。」韓信回答。劉邦又問：「那你呢？」「對我來說，當然越多越好！」劉邦笑著說：「你帶兵越多越

好，怎麼會被我制伏呢？」韓信知道自己說錯了話，忙掩飾說：「陛下雖然帶兵不多，但有駕馭將領的能力啊！」劉邦見韓信被貶為淮陰侯後仍然這麼狂妄，心中很不高興。後來，劉邦的妻子呂氏終於設計殺害了韓信。

釋義 原指帶兵越多越能成事，即打勝仗。後泛指越多越好。

反義 寧缺勿濫

造句 扶貧濟困的活動多多益善，千萬不能害怕麻煩。

成語知識連結

韓信年少時父母雙亡，家道貧寒，屢遭周圍人的歧視。一次，一個屠夫對韓信說：「你雖然長得又高又大，喜歡帶刀配劍，其實你膽子小得很。有本事的話，你敢用劍來刺我嗎？如果不敢，就從我的胯襠下鑽過去。」韓信自知硬拼肯定吃虧，於是，當著許多圍觀人的面，從那個屠夫的胯襠下鑽了過去。史稱「胯下之辱」。

爭先恐後

春秋時期，晉國有一位駕車能手名叫王良。趙襄王聽說他很會駕車，就派人把他請來，教自己駕車的技術。學了一段時間之後，王良就告訴趙襄王：「駕車的所有技術要領我已經全部講授完了。」趙襄王說：「就這些嗎？太簡單了，那我們就比一比吧！看誰駕得快。」王良答應了。

比賽開始了。王良鎮定自若，沉著駕駛，策馬加鞭，胸有成竹；而趙襄王神色緊張，忽前忽後，左顧右盼，惟恐落後。比賽結果，趙襄王落後王良一大截。趙襄王很不服氣，換了一匹最好的馬繼續比賽，同樣又輸了。第三次，趙襄王換乘了王良的馬車，憋足了勁又比賽一程，可惜最後還是輸掉了。趙襄王感到很不高興，對王良說：「你一定沒有把全部的技術教給我！」

王良笑一笑說：「我確實把技術全部教給你了，但也許在技術的運用上，你還沒有掌握訣竅。駕車時最重要的是讓車、馬步調一致，並要特別留意馬跑的情況，發現問題及時調整。這樣，馬才能跑得快。但在比賽中，您爭先恐後，把注意力都放在我身上，根本沒有注意馬和車的情況，這才是您落後的原因啊！」

趙襄王聽了，恍然大悟。

釋義 惟恐落後，搶著往前。

近義 奮勇爭先

反義 退避三舍

造句 要舉辦學校運動會了，同學們爭先恐後，踴躍報名，大家都想大顯身手。

妄自尊大

東漢初年，劉秀做了皇帝，稱光武帝。當時，政權雖已建立，但天下尚未統一，各路豪強憑藉自己的軍隊，各霸一方，各自為政。

各路豪強中，公孫述最為強大，他在成都稱帝。為此，在隴西一帶稱霸的隗囂，派馬援去公孫述處探聽情況。馬援接受使命，信心百倍的踏上征途。因為公孫述是他的同鄉，早年兩人又很熟悉，這次去，他心想一定能受到熱情的款待，可以好好的敘敘舊。然而事與願違，公孫述聽說馬援要見他，竟擺出了皇帝的架勢，自己高踞殿上，要馬援行見帝王之禮，並且沒說上幾句話就退朝回宮。接著，公孫述又以皇帝的名義，給馬援封官賜馬，馬援很不是滋味。

馬援回去後，對隗囂說：「公孫述就好比井底的青蛙，看不到天下的廣大，自以為了不起，妄自尊大，我

們不如到光武帝那裡去尋找出路。」

後來，馬援投靠了光武帝劉秀，在光武帝手下當了一名大將，竭盡全力，幫助光武帝統一天下。最後，公孫述被劉秀打敗。

釋義 毫無根據的高估自己。形容自高自大，自以為了不起。

近義 自命不凡/心高氣傲/狂妄自大

造句 我們每個人都不應當妄自尊大，而應該謙虛謹慎，禮貌待人。

成語知識連結

馬援是東漢著名的軍事家，他的祖先是戰國時趙國名將趙奢。馬援自小就有大志，他常說：「大丈夫立志，窮當益堅，老當益壯。」馬援戎馬一生，想的只是盡可能多為國家出力，從不計較功名利祿。他說：「男兒要當死於邊野，以馬革裹屍還葬耳。」這就是「馬革裹屍」的出處。

汗牛充棟

唐代有一位著名的學者名叫陸質。他讀過很多書，尤其愛讀孔子的書。他認為孔子是世界上的大聖人，孔子的言論和思想也最精闢和富於「仁」性。他研究孔子的《春秋》，幾乎花去了畢生的精力，而且還寫了許多研究《春秋》方面的書。他死後，許多文人志士都爭相閱讀他的作品，研究他的理論和做學問的經驗，並加以效仿。

文學家柳宗元很尊敬陸質，曾寫過一篇悼念他的文章。文章中讚揚了陸質勤奮讀書、孜孜不倦的精神。他在文章中寫道：「

其為書，處則充棟宇，出則汗牛馬。」意思是說，陸質寫的書很多，如果放在家裡，就會把屋子堆得滿滿的，一直到屋梁；如果帶著出門，用車子運送時，就會把拉車的牛馬累得滿身大汗。

釋義 意為書多得堆滿屋子，用車運時，牛馬累得出汗。後形容藏書或著作極多。

反義 寥若晨星/屈指可數

造句 這座圖書館的藏書非常豐富，真可謂汗牛充棟。

成語知識連結

柳宗元，字子厚，河東人，世稱柳河東，唐代著名文學家、詩人。因官終柳州刺史，後人又稱他柳柳州，與韓愈同為唐代古文運動的倡導者。其詩多抒寫抑鬱悲憤、思鄉懷友之情，幽峭峻郁，自成一路。最為世人稱道的，是那些情深意遠、疏淡峻潔的山水閒適之作。

汗流浹背

漢文帝時，周勃為右丞相，位居第一；陳平為左丞相，位居第二。

一天，漢文帝想了解一下國家與百姓的事情。就把右丞相周勃找來，問他：「全國一年之中要審理、判決的大小案件一共有多少件？」周勃一聽愣了一下，低著頭，回答說不知道。文帝又問：「那麼全國上下每年收入和支出的金錢又是多少？」周勃急出一身冷汗，汗水多得把後背的衣服都濕透了，還是回答不出來。漢文帝又問左丞相陳平，陳平說：「這些具體事情都由具體的官員來管，問審理案子的事有廷尉，問財務的事有內史，只要把他們都找來，一問就知道了。」漢文帝又問：「各種事情都有具體的人主管，那丞相是幹什麼的呢？」陳平回答：「丞相是管大臣的，監督他們做好各自的事務。」漢文帝聽了點點頭，對陳平的回答十分滿意。

事後周勃感到非常羞愧，覺得自己的反應、才智都不如陳平，於是以有病想回家休養為由，辭去了右丞相的官職。

釋義 汗流得濕透了背上的衣服。形容極度驚恐或慚愧。

近義 汗如雨下/大汗淋漓

造句 他平日運動太少，才跑了幾十公尺，便汗流浹背，氣喘如牛了。

江郎才盡

江淹是南北朝時期的著名文學家，年輕時就已經聲名鵲起，他的詩和文章在當時獲得極高的評價。

但是，安富尊榮的生活漸漸磨光了他的才情。當他年紀漸漸大以後，他的文章不但沒有進步，反而遜色不少。他寫詩往往提筆吟哦好久，也寫不出一個字來，即使寫出來了，也是文句枯澀，內容平淡。於是就有人傳說，有一次江淹乘船回家，停船禪靈寺，夢見一個自稱叫張景陽的人向他討還一匹綢緞，他就從懷中掏出幾尺綢緞還給他。從此，他的文章便不再精采了。也有人傳說，有一次江淹在冶亭中睡午覺，夢見一個自稱郭璞的人，走到他的身邊說：「我的筆在你那裡多年，現在可以還給我了吧！」江淹聽了，就順手從懷裡取出一枝五

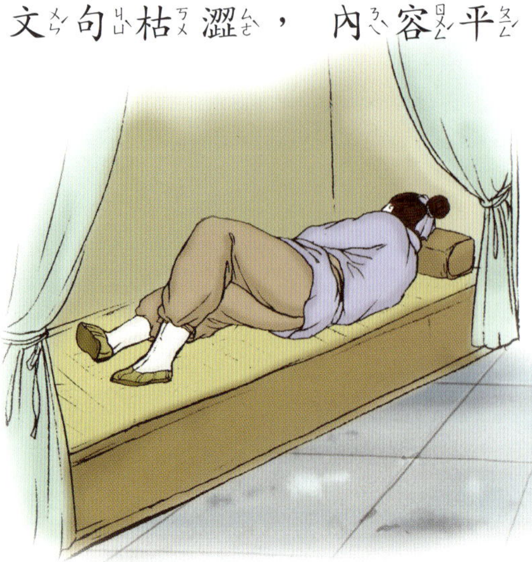

色筆還他。據說從此以後，江淹就文思枯竭，再也寫不出什麼好文章了。當時的人們就說他「江郎才盡」了。

釋義 比喻才思衰退。

近義 才思枯竭/才竭智疲

反義 文思泉湧

造句 他年輕的時候才思敏捷，發表了許多精采的作品，現在彷彿江郎才盡，好久沒有新作了。

守株待兔

古時候，宋國有一位農夫，正在田裡幹活，忽然看到一隻野兔狂奔過來。一不小心撞到了樹樁，滿頭是血，掙扎了幾下就死掉了。

農夫不費任何力氣就撿到一隻撞死的兔子，非常高興的帶回家飽餐一頓。

第二天農夫又來到田裡工作。中午的太陽熱辣辣的照著，農夫感覺有點累，就來到那棵樹樁邊休息。他回味著昨天那頓美味兔肉，心想：如果天天都有兔子自己跑來送死，那豈不是不愁吃喝了，何必再種田受苦呢？

從此，農夫就再也不耕田了。他每天坐在那個樹樁邊，等待野兔撞來。然而，一天、兩天過去了，十天、半月也過去了，農夫再也沒有等到撞死的兔子，而他田裡的莊稼，卻由於長時間沒有耕種，荒蕪了。

釋義 比喻心存僥倖，不勞而獲。

近義 坐享其成/坐等良機

造句 在今天的資訊時代，許多機會都要靠自己主動把握，妄想守株待兔不勞而獲，只會一事無成。

成語知識連結

這個故事告訴我們不要把偶然的事情當做必然，心存僥倖心理，妄想不勞而獲；更不能片面的憑著老經驗去辦事，這樣一般是不會成功的，還是多付出努力吧！

安然無恙

西元前 266 年，趙惠文王去世，太子丹接位為趙孝成王。由於趙孝成王年紀尚小，國家大事由他的母親趙威后處理。

有一次，齊王派使者帶著信到趙國，向趙威后表示問候。趙威后還沒有拆信就問使者：「齊國的收成不壞吧？老百姓平安嗎？齊王身體健康嗎？」齊國使者聽了很不高興的說：「我受齊王派遣來問候您，現在您不先問齊王，卻先問收成和百姓，難道可以把低賤的放在前面，把尊貴的放在後面嗎？」趙威后笑著說：「不是，如果沒有收成，怎麼會有百姓的安定生活？如果沒有百姓的安定生活，那君主的地位又怎能穩固？」

齊國使者聽了，一時說不出話來。

釋義 平平安安的沒有遭到任何損害。

近義 安然無事/完好無損

反義 險象環生/劫後餘生

造句 這棟房子很牢固，經過劇烈地震的摧殘，依舊安然無恙。

成語知識連結

恙是一種小蟲。人被恙螫，輕則生病，重則會死亡，所以恙就成了生病的代名詞。無恙就是沒有病，後引申為沒有災禍、疾病之類憂愁的事。形容很平安，沒有受到什麼損害。「無恙」也可以作為一個詞單獨使用。

安步當車

戰國時，齊國有一位叫顏斶的人。一天，齊宣王召他進宮。顏斶走入殿中，便不再前進，反讓齊王下殿。齊宣王很生氣的說：「到底是君王尊貴，還是士人尊貴？」

顏斶說：「當然是士人尊貴。當年秦國進攻齊國，

秦王下令，『誰敢在柳下季墳墓五十步以內的地方砍柴，格殺勿論！誰能砍下齊王的腦袋，就封為萬戶侯。』由此看來，一個活著的君主頭，竟然連一個死的士人墳墓都不如啊！」

齊宣王覺得理虧，說：「我是自討沒趣。希望您接受我為您的學生！今後您就住在我這裡，我保證您有肉吃，有車乘，衣著華麗。」

顏斶卻辭謝說：「玉，原來產於山中，如果一經匠人加工，就會破壞。雖然仍然寶貴，但畢竟失去了本來的面貌。士人生在窮鄉僻壤，如果選拔上來，就會享有利祿，不是說他不能高貴顯達，但他外在的風貌和內心世界會遭到破壞。所以我情願大王讓我回去，每天晚點吃飯，也像吃肉那樣香；安穩而慢慢的走

路，足以當做乘車……」說完後，即告辭而去。

釋義 以慢步行走當做坐車。

造句 爸爸每天下班回家時，安步當車，既可省下車費，又能達到健身的效果。

諱疾忌醫

扁鵲是戰國時的名醫。有一天，扁鵲去見蔡桓公，說：「大王，您有病了，病只在皮膚裡，趕快醫治吧！」蔡桓公覺得自己身體很好，沒有一點不舒服的感覺，就說：「不用醫治，我沒有病！」

十天以後，扁鵲又來見桓公，說：「大王，您的病已經到了肌肉裡，再不醫治就會加重的。」桓公聽了很不高興。又過了十多天，扁鵲見到蔡桓公，又說：「大王，您的病已經發展到腸胃，再不治就危險了！」桓公仍然不理，而且愈加生氣。

轉眼間，又是十天過去了，扁鵲再一次來見蔡桓公，見面之後，扁鵲一句話沒說轉身就跑。桓公覺得奇怪，派人去問。扁鵲回答：「一個人生了病，病在皮膚、肌肉、腸胃的時候，都有辦法醫治，但是病到骨髓就沒有辦法救了。現在，大王的病，已經發展到骨髓，我沒有辦法醫治了。」

五天以後，蔡桓公遍身疼痛，派人去請扁鵲，扁鵲早就跑到秦國躲起來了。不久，蔡桓公就病死了。

釋義 隱瞞疾病，不願就醫。比喻掩飾缺點、錯誤，不願改正。

近義 文過飾非

反義 聞過則喜/知過必反

造句 有過失，千萬不要諱疾忌醫，應虛心聽取別人的規勸，並及時改正。

防微杜漸

東漢和帝即位後，竇太后專權，重用竇家兄弟把持朝政，許多大臣都敢怒不敢言。

當時有位大臣名叫丁鴻，通曉經書，很得皇帝賞識。他對竇家兄弟的飛揚跋扈非常不滿，多次尋找機會向漢和帝進諫，都沒有成功。

有一天，發生了日蝕。當時人們都認為日蝕是不祥的徵兆，丁鴻便藉此上書皇帝：「毀壞山崖的洪水，開始時都是涓涓細流；參天蔽日的大樹，在最開始時也是很小的樹苗。凡事常是由小而大、由隱而顯，人們往往忽略微小之事，而讓它發展成禍害。竇氏兄弟倚仗太后，包攬朝政，獨斷專行，草菅人命，這難道不是朝廷的隱患嗎？陛下如能親自整頓朝政，在事故開始萌芽時就注意防止，這樣才可以消除隱患，使國家能夠長治久安。」漢和帝聽了丁鴻的建議，很快免去了竇氏兄弟的官職。

釋義 在壞事剛露頭時就加以防備，並考慮長久的計畫。

近義 防患於未然/未雨綢繆

反義 亡羊補牢/臨渴掘井

造句 問題雖小，也不能不防微杜漸，否則後果會不堪設想。

成語知識連結

所謂「蝕」就是指一個天體被另一個天體或其黑影全部或部分遮掩的天文現象。日蝕主要有日全蝕、日偏蝕及日環蝕三種。日蝕發生的原理是地球上的局部地區被月影所遮蓋而造成的。日蝕必發生在朔日，即農曆的初一。因該日適逢日月同經，同時太陽與月球位於黃道、白道交點附近（距離不超過十八度）才會發生日蝕。

如魚得水

三國時期，曹操的實力很強大，而劉備雖為皇室宗親，卻勢單力薄，只好依附於親戚劉表，駐守新野。但劉備是個胸懷大志的人，並不想長久寄人籬下，為了成就大業，便四處網羅人才。後來，他在徐庶的引薦下，三顧茅廬，請諸葛亮出山輔佐他打天下。

諸葛亮被劉備的誠心所感動，終於答應了劉備的請求，並仔細分析當時的形勢，建議劉備東聯孫權、北抗曹操，先取荊州為家，再取四川建基業，與曹操、孫權鼎足而立，互相抗衡。劉備聽後大喜，拜諸葛亮為軍師，統率三軍。

劉備對諸葛亮的信任和重用，引起了結義兄弟關羽和張飛的不滿。劉備就對他們解釋說：「我得孔明，如魚得水。」

釋義 比喻遇到與自己投合的人或適合自己發展的環境。

近義 志同道合/意氣相投

反義 龍困淺灘

造句 小王在現在的公司裡如魚得水，升遷很快。

如坐針氈

西晉時候有位叫杜錫的人，學識淵博，性格非常耿直，在做了太子中舍人以後，多次規勸晉惠帝的兒子湣懷太子。湣懷太子不僅不聽勸告，反而對杜錫心懷怨恨，便趁著杜錫不在，悄悄派人在他常坐的氈墊中放了一些針。杜錫沒有發覺，一屁股坐下去，被扎得鮮血直流。第二天，太子故意問杜錫：「你昨天出了什麼事，怎麼走路一瘸一拐的？」杜錫難以開口，只好說：「昨天喝醉了酒，也不知道到底幹了些什麼。」太子說：「你喜歡責備別人，為什麼自己也做錯了事呢？」

釋義 形容心神不定，坐立不安。

近義 惴惴不安/坐立不安

反義 若無其事/泰然自若

造句 早就過了放學時間，孩子還沒有回來，母親在家裡如坐針氈。

拋磚引玉

唐朝時有位叫趙嘏的人，他的詩寫得很好，曾因為一句「長笛一聲人倚樓」得到一個「趙倚樓」的稱號。那個時候還有一位叫常建的人，他的詩寫得也很好，但是他總認為自己沒有趙嘏寫得好。

有一次，常建聽說趙嘏要到蘇州遊玩，十分高興，覺得這是一個向他學習的好機會，千萬不能錯過，但是用什麼辦法才能讓他留下詩句呢？常

建想，趙嘏既然到蘇州，肯定會去靈岩寺的。如果我先在寺廟裡留下半首詩，他看到以後一定會補全的。於是他就在牆上題下了半首詩。

趙嘏到蘇州以後，果然到靈岩寺遊玩。他看見牆上那首沒有寫完的詩，不由詩興大發，順手補上了兩句。這樣，常建就用自己不是很好的詩句，引出了趙嘏的精采詩句。後來人們把這種做法稱為「拋磚引玉」。

釋義 謙辭。比喻用自己沒有價值的東西（多指意見、文章等），引出好的、珍貴的東西。

造句 我的這些意見還不成熟，就當是拋磚引玉吧！

買櫝還珠

從前，有個楚國人，他有一顆漂亮的珍珠，打算賣出去。為了能賣個好價錢，他決定將珍珠好好的包裝一下。

這個楚國人找來名貴的木蘭，又請來手藝高超的匠人，為珍珠做了一個盒子，並用桂椒香料把盒子薰得香氣撲鼻。然後，在

盒子的外面精雕細刻了許多好看的花紋，還鑲上漂亮的金屬花邊，看上去閃閃發亮，實在是一件精致美觀的工藝品。楚人將珍珠小心翼翼的放進盒子裡，拿到市場去賣。

不久，很多人都圍上來欣賞楚人的盒子。一個鄭國人將盒子拿在手裡看了半天，愛不釋手，終於出高價將楚人的盒子買了下來。鄭人交過錢後，便拿著盒子往回走，可是沒走幾步他又回來了。他打開盒子，將珍珠取出來交給楚人說：「對不起，您將一顆珍珠忘在盒子裡了，我是特意回來還珠子的。」於是鄭人將珍珠交給楚人，低著頭一邊欣賞著木盒子，一邊往回走。

釋義 櫝：木匣子。比喻沒有眼光，不識貨，取捨失當。

近義 捨本逐末

造句 他真是有眼無珠，竟然做出這種買櫝還珠之事。

弄巧成拙

北宋時期有位畫家叫孫知微，擅長人物畫。一次，他受成都壽寧寺的委託，畫一幅《九曜星君圖》。他用心勾畫出草圖，人物栩栩如生，衣帶飄飄，只剩下著色最後一道程序。恰好此時有朋友請他去飲酒，他便放下筆，對弟子們說：「這幅畫的線條我已全部畫好，只剩下著色，我回來時，希望你們已經畫好了。」

孫知微走後，弟子們便開始上色了。忽然，他們發現圖中菩薩的侍童手中拿著的水晶瓶是空的。按照恩師的畫風，花瓶一般不會空空無物，肯定會插上一枝花，這次是不是師傅忘

記了呢？於是他們就一起動手，在瓶中畫了一枝粉紅色的蓮花。

孫知微回來以後，發現畫中侍童手中的瓶子裡插了一枝蓮花，哭笑不得，說道：「菩薩的水晶瓶不是用來插花的，而是用來降妖伏魔的，你們真是弄巧成拙啊！這幅畫全讓你們給毀了！」

釋義 本想取巧，結果卻做了蠢事。

近義 畫蛇添足

造句 電視機本來好好的，只是偶爾影像有些模糊，他卻硬要拆開修理，結果弄巧成拙，現在連影像也見不到了。

成語知識連結

周扒皮半夜三更趴在雞籠裡學雞叫，本想藉此讓工人提早起床幹活，不想被高玉寶發現，被當做偷雞賊打個半死，這便是弄巧成拙的典型故事。故事告訴人們，如果為了達到某個目的而不擇手段，吃虧的往往是自己。

投筆從戎

東漢時，有一個人名叫班超，他出生於書香門第，從小胸懷大志。西元62年，班超隨母親一起前往京城洛陽投靠哥哥班固。由於生活所迫，班超經常替官府抄寫文書，以此度日。

一天，班超正在執筆抄書，聽說北方的匈奴又在侵擾邊境，氣憤得一下子將手中的筆扔出窗外，感慨的說：「大丈夫整天做些抄抄寫寫的工作，即便幹一輩子又有什麼出息？要是能像傅介子、張騫那樣到西域去建功立業，就是為國捐軀，也落得千古美名，何必老這樣埋頭於筆墨紙硯之間呢？」同他一起抄書的人聽了班超的話，都認為他不自量力、異想天開。

後來，班超參軍入伍了。他作戰勇敢，身先士卒，不斷受到提拔。漢明帝覺得他很有才幹，就派他出使西域。班超克服重重艱難險阻，終於到達西域，為加強漢朝與西域各國的經濟、文化等方面的交流做出貢獻。

釋義 指文人棄文從軍。

近義 棄文就武

反義 偃武修文

造句 抗日戰爭爆發後，革命青年紛紛投筆從戎，奔赴抗日前線。

成語知識連結

班超是東漢著名的外交家和軍事家。他奉命出使西域，在西域生活了三十多年，對鞏固中國西部邊疆，促進民族國家的發展，做出了重大貢獻。他還派甘英出使大秦（東羅馬），使甘英成為中國歷史上第一個出現在波斯灣的旅行家。

走馬看花

孟郊是唐朝中期著名的詩人。他出身貧苦，從小勤奮好學，很有才華。但是，他的仕途卻一直很不順利，從青年到壯年，好幾次參加進士考試都落了第。唐德宗貞元十三年（西元797年），孟郊又赴京參加了一次進士考試，終於金榜題名。

孟郊非常高興，他穿上嶄新的衣服，繫上彩帶紅花，騎著高頭大馬，在長安城裡盡情的遊覽。京城美麗的景色使他讚嘆不己，高中進士的喜悅又使他萬分得意，於是，他寫下了這首著名的《登科後》詩：「昔日齷齪不足誇，今朝放蕩思無涯。春風得意馬蹄疾，一日看盡長安花。」

這首詩的意思是：以前窮困潦倒的日子沒有什麼值得誇談的，今天我中了進士，才真正感受到皇恩的浩蕩；我迎著春風，騎著高頭大馬走在京城的大街上，一天的時間就把長安城的美景都看完了。

釋義 比喻觀察事物或了解情況不深入細緻。

近義 浮光掠影/蜻蜓點水

造句 我雖然到美洲旅遊觀光了幾次，但每次都只是走馬看花，並未做深入了解。

成語知識連結

孟郊長於五言古詩和樂府詩，用字造句力避平庸，追求古拙奇險，詩風冷峭，為著名的苦吟詩人，與韓愈齊名。他的《遊子吟》是千古傳唱的名篇。全詩為：慈母手中線，遊子身上衣。臨行密密縫，意恐遲遲歸。誰言寸草心，報得三春暉。

志在四方

戰國時，孔子第五代孫孔穿，字子高，出遊趙國。在那裡，他和平原君門下的賓客鄒文、季節兩人交了朋友。後來孔穿要回魯國了，鄒、季兩人一路相送，一直送了三天，陪著走了不少路，總是戀戀不捨。臨別的時候，鄒文、季節竟難過得流下眼淚，而孔穿只躬身向他倆輕輕一揖，就轉身而去。與孔穿同

行的人不理解他為什麼如此不近人情。孔穿說：「起初我以為他們都是大丈夫，想不到這兩個人如此婆婆媽媽，『人生則有四方之志』，怎麼能兒女情長，長期聚在一起呢？」

釋義 指有遠大志向。

近義 鴻鵠之志/雄心壯志

反義 胸無大志

造句 好男兒志在四方，你怎麼能如此留戀鄉土，不肯到外地讀書呢？

邯鄲學步

在燕國壽陵地方的人，走路的樣子八字朝外，搖擺蹣跚，十分難看。當地有位土生土長的年輕人，聽說趙國邯鄲人走路的姿態相當優美，就跋山涉水前去學習。年輕人風塵僕僕來到趙國首都邯鄲。果然，只見繁華大街上，人人走路的姿勢都十分優雅，一抬手一投足，都顯示著高貴的風度。年輕人自慚形穢，連忙跟著行人模仿起來。學了幾天，越走越彆扭。年輕人想，一定是因為自己的惡習太深了，不徹底拋棄自己的老步法，肯定學不好新姿勢。於是，這位年輕人從

頭學起，每邁出一步都要仔細推敲下一步的動作，一擺手、一扭腰都認真計算尺寸。他雖然廢寢忘食的學，但還是沒有學會邯鄲人走路的姿勢，反而把自己原來走路的樣子也忘了。當他要回燕國的時候，手足無措，只好在地上爬著回去。

釋義 比喻模仿不成，反而失去自己原有的長處。

近義 東施效顰/生搬硬套

造句 我們在追求時尚的同時，也應保持自己的特點，以免邯鄲學步，給人們留下笑柄。

杞人憂天

從前在杞國，有一個人膽子很小，他常會想到一些奇怪的問題。有一天，他在院子裡乘涼，看著天空群星閃爍，忽然冒出一個古怪的念頭：假如有一天，天塌下來了怎麼辦？我應該到哪裡去躲藏？如果躲不過，那不是被活活的壓死了嗎？從此以後，他天天在想這個問題，飯也吃不下，覺也睡不著，一天天的消瘦下去了。朋友們見他終日精神恍惚，臉色憔悴，都來勸他說：「你真是自尋煩惱。自古以來，還沒有發生過這樣的事情，天哪裡會塌下來呢？即使天真的塌下來，有高個子頂著，你也不用發愁得吃不下飯呀！」可是，無論人家怎麼說，他都不相信，仍然時常為這個不必要的問題擔憂。這就是「杞人憂天」的故事。

釋義 比喻不必要的或荒謬的憂慮。

造句 外星人是否存在都很難說，你又何必杞人憂天，擔心外星人入侵呢？

束之高閣

東晉時，有位出身於豪門貴族的名士，名叫殷浩。他從小就喜愛虛無玄妙的老莊學說，讀了許多有關玄學的書，年紀輕輕就已經聲名鵲起。

一次，有人問殷浩說：「將要赴任當官的人夢見棺木，將要得到錢財的人夢見糞土，這該怎樣解釋？」殷浩不假思索的回答說：「官職和錢財，本來就是腐臭如糞土的東西，所以得官得錢的人都會夢見這類東西。」殷浩的回答讓他更加聲名遠播，甚至朝廷的一些要員也來向他請教。

當時正力圖收復北方的大將庾翼

，請殷浩出任司馬。殷浩自命清高，沒有接受。庾翼再次邀請，他仍然拒絕。還有一位叫杜義的名士，與殷浩一樣，也很清高，不願當官為朝廷出力。

庾翼對杜義、殷浩兩人很瞧不起，認為他們雖名冠天下，其實是徒有虛名，不能重用。他常對人說：「杜義、殷浩這類人，只適合把他們像東西那樣捆起來，放在高高的樓閣上不去管它。等天下太平了，再考慮讓他們出來做些事。」

釋義 把東西捆綁起來，放在高高的架子上。比喻棄置不用。

近義 置之不理

反義 愛不釋手

造句 那麼多的好書，如果只是束之高閣，實在是太可惜了。

兩敗俱傷

戰國時期，韓國與魏國交戰一年多，仍然分不出勝負。秦惠文王想出兵干涉，但不知應該幫誰。正巧楚國的使臣陳軫到來，秦惠文王就想聽聽他的意見。陳軫於是講了一個故事：

一次，有一位叫卞莊子的人，看見兩隻老虎正在爭吃一頭牛，便想拔劍去刺老虎。隨行的一個人說：「這兩隻虎爭吃一頭牛，肯定會在吃得正香的時候打起來，因為牠們都想揀最好的肉吃，也都想吃得飽些，而結果必然是弱虎被咬死，強虎被咬傷，到那時你再殺死那隻受傷的老虎，就可以獲得一劍殺二虎的威名了！」卞莊子覺得有理，就躲在石頭後面觀看兩虎相爭。不一會兒

，兩虎相鬥，一虎被咬死，另一虎也傷得很重。卞莊子就從山石後面衝上來，一劍刺死了受傷的老虎。」

陳軫講完故事，接著說：「現在，韓、魏兩國交戰已久，將來必然一國被滅，一國元氣大傷，到那個時候再出兵攻打，不是更好嗎？」秦惠文王聽後讚不絕口，決定暫不出兵，讓韓、魏兩國繼續交戰。

釋義 指爭鬥雙方都受到傷害、損失。

造句 我建議你們兩人握手言和，不要再鬥下去了，何必要弄到兩敗俱傷才行呢？

兩袖清風

于謙是明朝著名的民族英雄和詩人。他做官廉潔，為人耿直，曾先後擔任過監察御史、巡撫、兵部尚書等職。當時，明朝日趨衰落，朝廷政治腐敗，官吏貪汙成風，當地官僚進京朝見皇帝，都要從百姓那裡搜刮大量財物，諸如絹帕、蘑菇、線香等物，以備獻給皇帝和朝中的權貴。但是，于謙在擔任巡撫從外地回京時，卻什麼禮物也不帶，別人感到很奇怪，問他為什麼不帶禮品，他就寫了《入京》詩一首，以此作答。他在詩中這樣寫道：絹帕蘑菇與線香，本資民用反為殃。清風兩袖朝天去，免得閭閻話短長。

這首詩的意思是說，絹帕、蘑菇、線香等特產，本應供人民享用，只因貪官汙吏搜刮，它們反而給百姓帶來災難。我什麼也不帶，只帶兩袖清風進京朝見天子，免得老百姓說長道短。

成語知識連結

「千錘萬擊出深山，烈火焚燒若等閒。粉身碎骨渾不怕，要留清白在人間。」這是明代民族英雄于謙的《石灰吟》，千百年來膾炙人口。于謙寓石灰以情，抒發了自己崇高的政治抱負，表達了他不畏強暴、捨生取義、鞠躬盡瘁、死而後已的崇高人品和愛國熱情。

釋義 指除兩袖清風以外，別無所有。形容為官清廉。

近義 廉潔奉公/洗手奉職

反義 貪贓枉法/徇私舞弊

造句 明代的海瑞不僅敢於直言勸諫，而且為官清廉，在任多年，依然兩袖清風。

呆若木雞

春秋時期，齊宣王喜歡鬥雞。他在宮中養了許多精壯矯健的鬥雞，以此來娛樂消遣。時間久了，他發現無論哪一隻雞都不能百戰百勝，心裡很不滿足。一天，有人對他說，齊國有位叫紀子的馴雞能手，不如把他請來，訓練一隻常勝不敗的鬥雞。齊宣王聽後大喜，急忙邀請紀子前來。紀子來後，從眾雞中挑選了一隻，就開始閉門馴雞了。

十天以後，齊宣王派人問紀子：「雞馴好了嗎？」紀子答道：「不行，牠還非常傲氣。」又過了十天，齊宣王再派人去問，紀子說：「不行，牠聽到聲音就會做出敏捷的反應。」再過十天，齊宣王親自把紀子召來詢問，紀子仍說：「不行，這隻雞看到對手後，還會怒目而視，盛氣凌人。」齊宣王說：「這不正是勇猛善鬥的表現嗎？」紀子說：「勇猛善鬥的雞，不一定是常勝不敗的。」

又過十天，紀子對齊宣王說

：「行了，這隻雞已訓練成功。牠聽到別的雞叫，毫無反應，精神高度集中，看上去像木雞一樣，對手看到牠都會不戰而逃。」

釋義 指已訓練好的鬥雞，能心神安定，鎮定自若，跟木雕的雞一樣。後形容呆笨或因為恐懼、驚訝而發呆的樣子。

近義 目瞪口呆/瞠目結舌

造句 當他聽到好友病逝的消息，一時呆若木雞，久久說不出話來。

嘔心瀝血

李賀是唐朝著名的詩人。他七歲就開始寫詩做文章，才華橫溢。成年後，由於不得志，就將苦悶的心情傾注在詩歌創作上。他每次外出，都讓書童背一個袋子，只要一有靈感，想出幾句好詩，他就馬上記下來，回家後再重新整理、精鍊。母親心疼的說：「我的兒子已把全部的精力和心血放在寫詩上了，真是要把心嘔出來才罷休啊！」

李賀在他短暫的二十六年生命中，留下了二百四十餘首詩歌，這是他用畢生的心血凝成的。唐代文學家韓愈，曾寫過這樣兩句詩：「刳肝以為紙，瀝血以為辭。」即是說挖出心肝來當紙，滴出血來寫文章。

釋義 形容費盡心思。

近義 苦心孤詣

造句 他嘔心瀝血，終於完成了這部長篇小說。

成語知識連結

李賀，字長吉，福昌人，人稱「詩鬼」。他的詩繼承了《楚辭》的浪漫主義精神，又從漢魏六朝樂府及蕭梁豔體詩中汲取了營養，以豐富的想像力和新穎詭異的語言，表現出幽奇神祕的意境，形成了自己的獨創風格，並對中晚唐詩歌產生了一定的影響。

別開生面

唐代有一名畫家叫曹霸，擅長畫人物和馬。當時很多王公貴族和有錢有勢的人家都爭著收藏他的畫。

長安城裡有一座著名的凌煙閣，裡面掛著二十四幅唐朝開國功臣的肖像畫，出自名家之手，已歷經七十多年，吸引眾多遊客前來觀摩。大部分畫像受損，有些已無法辨認。唐玄宗非常珍惜這些畫，召來曹霸，讓他將這些肖像畫修補復原。曹霸將這些模糊不清的畫像一一復原，並以嶄新的風格展現在

人們面前。大詩人杜甫稱讚說：「凌煙功臣少顏色，將軍下筆開生面。」意思是凌煙閣中的功臣畫像失去了鮮豔的光彩，將軍下筆，又使它們重放光彩。

釋義 比喻另外開創新的風格、形式或局面。

造句 這幢建築融合中外建築特色於一體，新穎奇特，別開生面。

囫圇吞棗

從前，有一位老醫生，他在向人們介紹生梨和棗子的特性時說，吃生梨對人的牙齒有好處，但是對人的脾臟卻有害；吃生棗對人的脾臟有好處，但對人的牙齒有壞處。

這時，旁邊有個人自作聰明的說：「我有一個好辦

法，吃梨時，只用牙齒咀嚼，不吞下去；吃棗時不用牙齒咬，囫圇的吞下去就是了。」老醫生聽了搖搖頭，笑著說：「像你那樣囫圇吞下去，把棗核都留在肚子裡，難道可以消化嗎？對脾臟有什麼好處呢？」

釋義 把棗子整個吞下。比喻籠統的接受，不加分析、分辨，不求甚解。

近義 不求甚解/生吞活剝

反義 融會貫通/細嚼慢嚥

造句 讀書要善於思考，不要囫圇吞棗，不求甚解。

圍魏救趙

戰國時期，魏惠王派大將龐涓圍攻趙國都城邯鄲，趙國危在旦夕。趙成侯深知憑國力難抵魏軍，就以割讓中山這塊土地為酬禮，獻給齊國，請求齊國派兵解圍。

齊威王立即任命田忌為大將，孫臏為軍師，發兵救趙。孫臏獻計說：

「眼下魏軍全力以赴攻趙，精兵銳將勢必已傾巢出動，國內肯定只剩下一些老弱殘兵。如果我們直接進軍魏國，攻打魏國都城大梁，魏軍必定會回師來救，我們不是就可以替趙國解圍了嗎？並且，魏軍從趙國撤回，長途往返行軍，必定疲憊不堪。而我軍則趁此時機，以逸待勞，只需在魏軍經過的險要之處布好埋伏，就一定可以打敗他們。」田忌嘆服孫臏的精闢分析，立即下令按照孫臏的策略行事，率軍直奔魏國都城大梁。

果然，魏軍得知都城被圍，慌忙撤軍回國。在匆忙跋涉的途中，人馬行至桂陵一帶，冷不防齊軍擂鼓鳴金，衝殺出來。魏軍被殺得丟盔棄甲，幾乎全軍覆沒。這次戰役，齊軍大獲全勝，解了趙國之危。

釋義 指包抄進攻敵人的後方據點來迫使它撤兵的戰術。

造句 在圍棋比賽中，他常採取圍魏救趙的策略，奪得勝利。

兵不厭詐

西元前633年，楚國攻打宋國，宋國向晉國求救。第二年春天，晉文公派兵攻占了楚國的盟國曹國和衛國，要他們與楚國絕交，才肯退兵。楚國被激怒了，於是從宋國撤兵，與晉國交戰。兩軍在城濮對陣。

當時，晉國雖然聯合齊、宋等國，但兵力較弱，而楚國又聯合陳、蔡等國，兵力很強。如何才能取得戰爭的勝利呢？晉文公的舅舅子犯說：「我聽到過這樣的說法，對於注意禮儀的君子，應當多講忠誠和信用，取得對方信任；在你死我活的戰爭之間，不妨多用欺詐的手段迷惑對方，你可以採取欺騙敵軍的辦法。」

晉文公聽從子犯的策略，首先擊潰由陳、蔡軍隊組成的楚軍右翼，然後主力假裝撤退，引誘楚軍左翼追趕，再以伏兵夾擊。楚軍左翼

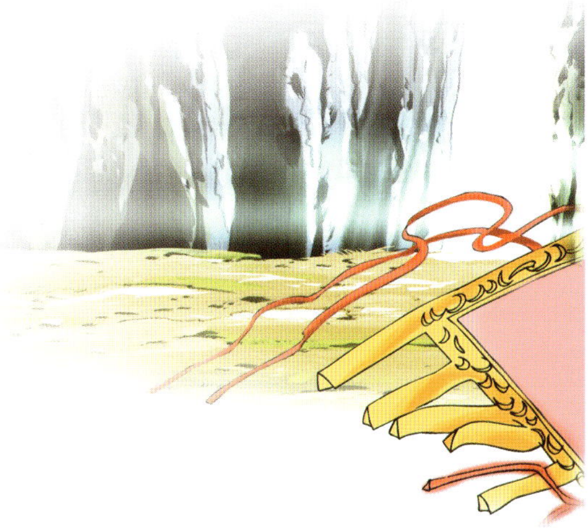

大敗，中軍也被迫撤退。這就是歷史上著名的以弱勝強的城濮之戰。

釋義 用兵打仗不嫌棄用欺詐的辦法迷惑敵人。也泛指用巧妙手段欺騙人。

造句 在足球比賽中，兵不厭詐的策略經常被使用。

成語知識連結

俗話說：「先下手為強，後下手遭殃。」在軍事上，「先發制人」是一個重要的命題。可是，在一定條件下，「後發制人」也是軍事鬥爭的重要手段，其實質便是積極防禦，它常常成為較弱一方克敵制勝的重要法寶。城濮之戰，就是歷史上這方面的典型戰例之一。

伯樂相馬

春秋時期，秦國有一個人，名字叫孫陽，對馬有很深的研究，好壞優劣，一眼就能看出來。因為在傳說中，天上有管天馬的「伯樂」星，人們很敬佩孫陽，就叫他「伯樂」。

有一天，伯樂走在路上，看見一輛馬車過來，車上裝著很重的鹽。那匹拉車的馬，瘦得皮包骨頭，累得口吐白沫，渾身都是汗水，大口大口的喘著粗氣。

伯樂走過去一看，覺得這匹馬雖然瘦了些，但骨子裡與一般的馬有些不一樣，心想：這是一匹千里馬！馬主人要是好好餵養

它，肯定能在戰場上大有作為！

誰知，那馬一看見伯樂過來，就高聲嘶叫兩下。伯樂心疼的撫摸著這匹馬，並脫下自己的衣服給馬擦汗。千里馬從來沒有被主人愛護過，現在忽然間遇到知音，激動得向伯樂噴氣，然後昂起頭長嘯起來向伯樂表示感激。那馬叫聲洪亮悅耳，直上雲霄。

後來，人們根據這個故事，引申出成語「伯樂相馬」，比喻有眼光的人善於發現人才。

釋義 比喻善於發現和選用人才的人。

近義 慧眼識珠

反義 有眼無珠

造句 他有伯樂相馬的本事，經常能為企業挖掘人才。

近水樓臺

北宋時期，有一位著名的文學家、政治家，他的名字叫范仲淹。他曾經做過朝廷的最高政務長官。

有一年他在浙江做官，認識了許多有志之士，他們都想為朝廷出力，於是范仲淹就推薦他們到朝廷裡去做官。只有一位名叫蘇麟的人因為外出，沒有見到范仲淹，因此也沒有能夠得到提拔。等蘇麟外出歸來，聽說往日志同道合的朋友都得到了范仲淹的推薦文書到京城裡去做官了，心裡很氣憤，以為范仲淹偏心其他人，而不關心自己。於是他寫了一首詩，寄給了范仲淹，其中兩句寫道：「近水樓臺先得月，向陽花木早逢春。」意思是說：靠近水邊的亭臺樓閣，能夠先得到月光；而向著陽光的花草樹木，也能先沐浴到春天的溫暖。

范仲淹看了他這首詩，明白蘇麟是埋怨自己沒有關心他的前途，推薦別人而唯獨沒有推薦他。於是，范仲淹就提筆寫了一封

介紹信，推薦蘇麟做了官。

釋義 比喻由於地處近便，獲得優先的機會。

近義 向陽花木

造句 他為了能夠每天看到好書，就把家搬到圖書館附近，這樣近水樓臺，看書就方便多了。

成語知識連結

屹立在洞庭湖畔的岳陽樓，是中國古建築中的瑰寶。自古有「洞庭天下水，岳陽天下樓」之譽，為此范仲淹特別寫了一篇不朽的散文《岳陽樓記》。《岳陽樓記》共 360 字，文情並茂，讀來感人肺腑。文中許多警句已成為後人處世待人的格言。其中「先天下之憂而憂，後天下之樂而樂」兩句，更是為人所傳誦。

飲鴆止渴

東漢時，擔任過廷尉的霍諝，從小勤奮好學，少年時代就讀了大量儒家經書，在當地很有名。

霍諝有位舅舅名叫宋光，在郡裡當官。由於他秉公執法，得罪一些權貴，被誣告篡改詔書，從而押到京都洛陽，關進監獄。

宋光下獄後，當時才十五歲的霍諝心情很不平靜。他從小常和舅舅在一起，對舅舅的為人非常清楚，知道他不可能幹這種弄虛作假的事。他日思夜想怎樣為舅舅伸冤，最後決定給大將軍梁商寫一封信，為舅舅辯白。信中有寫到這樣一

段話：

「宋光作為州郡的長官，一向奉公守法，以便得到朝廷的重用。怎麼會冒險觸犯死罪的危險去篡改詔書呢？這正好比為了充飢而去吃附子（一種有毒的植物），為了解渴而去飲鴆酒（一種用鴆的羽毛泡製過的毒酒），這種愚蠢的事情，宋光怎麼會去做呢？」

梁商讀了這封信，覺得很有道理，對霍諝的才學和膽識也很賞識，便請求順帝寬恕宋光。不久，宋光被免罪釋放，霍諝的名聲也很快傳遍了洛陽。

釋義 比喻用有害的方法解決面臨的困難，而不顧後果。

近義 抱薪救火

造句 你如果老是靠大量的止痛藥來止痛，而不去看醫生，這就無異於飲鴆止渴。

言過其實

馬謖是三國時的將領。他與哥哥馬良都在劉備手下做官。

馬謖相當喜歡談論軍事，丞相諸葛亮很看重他。但是，劉備總覺得馬謖好高談闊論，說話不老實。劉備臨死前，曾經對諸葛亮說：「馬謖此人言語浮誇，超過他的實際能力，不可重用。丞相要留意才是！」

西元 227 年，諸葛亮向劉禪上了一篇奏章，即著名的《出師表》。次年春，他率軍伐魏。馬謖主動請纓，要求鎮守街亭，諸葛亮想起劉備臨終時的囑託，擔心馬謖誤事，就讓他當眾立下軍令狀，並派王平當副將協助作戰。誰知馬謖自以為是，不僅不按照諸葛亮的部署行事，也不聽從王平的建議，導致街亭失守，蜀軍伐魏嚴重受挫，被迫退回漢中。回蜀後，諸葛亮揮淚斬了馬謖。諸葛亮一向用兵如神，不想錯用馬謖，覺得對不住已故的劉備，於是上表後主劉禪，自動降級三等，用以處罰自己用人不當。

釋義 指言語浮誇，與實際才幹不符。後多指言語與實際不符，過於誇大。

近義 誇大其詞

造句 他的觀點雖然頗有見地，但如果據此說他是個大哲學家，那未免言過其實了。

成語知識連結

諸葛亮，字孔明，三國時期蜀漢的政治家、軍事家。東漢末年，他隱居於隆中臥龍崗，被世人稱為「臥龍先生」。劉備三顧茅廬後，他被劉備的誠心所打動，出山做了劉備的軍師。赤壁之戰後，劉備建立蜀漢政權，稱帝，諸葛亮任丞相。劉禪繼位後，被封為武鄉侯。一生鞠躬盡瘁，後病死在五丈原軍中。

沐猴而冠

秦朝末年，劉邦、項羽等起兵反秦，先後攻入秦都咸陽。項羽殺死秦王子嬰，又放火燒了秦朝的宮殿，自封為西楚霸王，然後又分封各路起義軍為諸侯王。劉邦覺得項羽勢力強大，就主動退出了咸陽。

項羽也打算回家鄉。他手下的謀士韓生勸他說：「關中地勢險要，有高山大河做屏障，並且土地肥沃，可以建為都城，成就霸業。」

可是項羽不聽，說：「現在不衣錦還鄉，江東父老誰

會知道我項羽立下的赫赫戰功呢？就好像穿著華麗的服裝在夜裡行走，有誰會看得見呢？」韓生聽了項羽的話，非常失望，他嘆息說：「以前我聽別人說，楚人不過是戴了帽子的猴子，現在看來，果真是這樣。」意思是說：你項羽看起來威風凜凜，不過是徒有其表，沒有什麼志向。項羽聽後火冒三丈，竟下令把韓生扔到湯鍋裡煮死。

釋義 猴子戴帽子。比喻外表裝扮得很像樣子，內裡本質不好。常用來諷刺依附權勢、竊取名位的小人。

近義 虛有其表

造句 你別看他每天西裝筆挺，打扮得人模人樣，其實不過是沐猴而冠。

沉魚落雁

春秋時期，越國出了一位傾國傾城的美女，名叫西施。據說，當西施在故鄉的溪邊洗衣時，水中的魚兒看到她嬌媚動人的容貌，都羞得鑽到水底，不敢出來與她比美。

後來，越國被強大的吳國所滅，越王句踐淪為階下

囚。他不甘心失去壯麗的河山，決心雪恥復國。一方面他「臥薪嘗膽」，激勵自己不忘恥辱；一方面又施「美人計」，將西施獻給吳王夫差，消磨吳王鬥志。吳王因沉迷於西施的美色，漸漸荒廢了朝政，最終亡了國。

西漢時期，也有一位絕代美女，叫王昭君。當時邊疆受匈奴連年襲擾，朝廷多次派兵抵抗，勞民傷財卻收效不大。後來匈奴首領單于派使者前來和親，王昭君主動請求遠嫁匈奴，為民族的友好相處做出了巨大的貢獻。

傳說，王昭君出塞時，天空飛過一群大雁。大雁驚訝於她的美麗，竟然忘記了飛行，全部都跌落到樹林裡去。

西施和王昭君一直是人們心目中美麗的象徵。後人常用「沉魚落雁」來稱讚容貌美麗的女子。

釋義 形容女子容貌十分美麗。

近義 閉月羞花/天姿國色/傾國傾城

造句 這次參加選美大賽的姑娘們，個個都有著沉魚落雁之貌，競爭非常激烈。

完璧歸趙

戰國時期，秦昭王聽說趙惠文王得到一塊稀世美玉和氏璧，便派人送信給趙王，說秦國願意用十五座城池來換這塊玉。趙惠文王明知換城是假，奪玉是真，但又害怕秦王發兵攻打趙國。正在猶豫不決之時，藺相如自願帶上和氏璧出使秦國。

到了秦國，藺相如向秦王獻上和氏璧。秦王看到這塊稀世美玉，讚不絕口，又傳給下面的大臣和嬪妃觀看，卻絕口不提換城之事。藺相如便上前一步說道：「玉璧上有一個小斑點，讓我指給大王看。」秦王信以為真，就把和氏璧回遞給他。藺相如拿著和氏璧，斜倚著柱子，氣

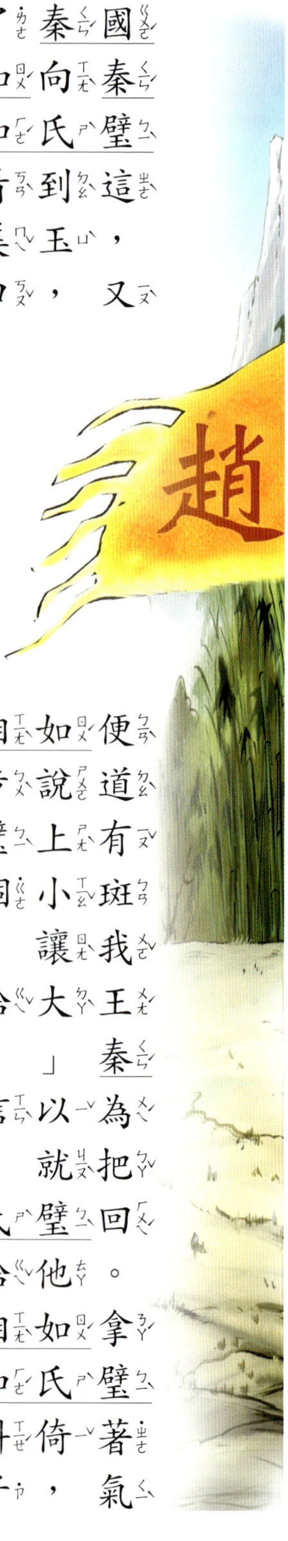

憤的說：「我看大王沒有換城的意思。現在玉璧在我手上，大王要想強奪，我就和玉璧一起撞在柱子上。」秦王怕玉璧破碎，忙命人在秦國的版圖上劃了十五座城讓藺相如看。藺相如又說：「大王若是真心，五日後以隆重的禮儀割城換璧。」秦王答應了。

藺相如知道秦王不會用城池來換玉璧，回到驛館後，立即讓隨從喬裝打扮，帶著和氏璧悄悄的回去趙國。

釋義 把原物完好無損的歸還原主。

近義 原物奉還/物歸原主

造句 今晚我要去參加一個晚會，借你的帽子戴一戴，明天早一定「完璧歸趙」。

窮兵黷武

三國末年，吳國後主孫皓是個荒淫奢侈、專橫殘暴的國君。他年年伐晉，使得國力衰竭，民不聊生，人民處在一片水深火熱之中。

當時，吳國有位著名的將領叫陸抗。面對吳王的昏庸和搖搖欲墜的政權，陸抗十分憂慮，決定上書吳王。他在奏摺上寫道：「現在，朝廷不採

取富國強兵的策略，加緊農業生產儲備糧食；讓有才能的人發揮作用，使各級官署不荒怠職守；嚴明升遷制度以激勵百官，審慎實施刑罰以警戒百姓；用道德教導官吏，以仁義安撫百姓；反而聽任眾將追求名聲，用盡所有兵力，征戰不止，耗費的資財動以萬計，士兵疲勞不堪。這樣，敵人沒有削弱，而我們自己倒像生了一場大病。」陸抗還鄭重指出，吳、晉兩國實力不同，即使出兵獲勝，也得不償失。所以，應該停止用兵，積蓄力量，以待時機。

　　但是，孫皓對陸抗的這些忠告都聽不進去。後來陸抗去世，晉軍討伐東吳，沿著長江順流東下，勢如破竹，一舉滅了吳國。

釋義 用盡全部兵力，任意發動戰爭。形容極端好戰。

造句 自古以來，窮兵黷武的君王都沒有好下場。

成語知識連結

　　你知道西晉和東晉的歷史嗎？265 年，司馬炎取代曹魏政權建立了晉朝，這就是歷史上的西晉。316 年，劉曜率領匈奴軍攻破長安，湣帝獻城投降，西晉結束。317 年，鎮守建業的琅琊王司馬睿在建康（今江蘇南京）稱帝，續建了晉朝，史稱東晉。

改過自新

漢朝初期，有一位名醫叫淳于意。有一天，一位很有權勢的地方官得了急病，前來求醫，不料幾個時辰過後，那地方官竟死在淳于意家裡。地方官的家屬於是狀告淳于意居心不良，謀害人命。官府派人將他抓去，嚴刑拷打，最後判處肉刑（分為三種：在臉上刺字、割掉鼻子、砍掉左腳或右腳）押赴都城。臨行前，淳于意望著五個女兒嘆息道：「可惜我只有五個女兒，緊要關頭，沒有一個能夠救我！」

年紀最小的女兒緹縈，決定為父伸冤，連夜給皇帝寫了一封信說：「人死不能復生，受刑後不能復原。我父親為人清廉，扶危濟困，行醫救人更是盡心竭力，從

來沒有做過對不起國家人民的事。我心甘情願賣身為奴，替父親贖罪，保全他的生命，以便他能繼續為民行醫濟世……」

漢文帝看完小緹縈的書信，非常感動，當即下令赦免了淳于意的罪行，並且廢除肉刑這種酷刑。

釋義 指改正邪惡或錯誤，重新做人。

近義 改邪歸正

造句 他既然已經知道了自己的錯誤，為什麼不給他一個改過自新的機會呢？

孜孜不倦

上古時候，洪水經常泛濫。每次都有數以萬計的農田被淹沒，無數的村莊房屋倒塌，很多百姓流離失所，無家可歸。

大禹面對洪水肆虐，十分憂慮，決心竭盡所能，徹底整治洪水。他奔走各地，帶領眾人全力疏通溝渠，引水入河，引河入江，再引江入海，終於取得了治洪的勝利。

治好了水患，大禹又帶領民眾一起耕耘播種，植樹種桑，人們漸漸步上了安樂富足的生活。

當時的首領舜認為禹不但聰明睿智，而且勤勞勇敢；不僅整治好了水患，還帶領族人步上了幸福安康的日子，就把帝位傳給了他。而禹也對舜說：「惟日孜孜，不敢逸豫。」意思是說：我每天辛勤的勞作，不敢有半點的懈怠，更不敢貪圖安逸享樂的生活。

釋義 形容勤奮，不知疲倦。

近義 好學不倦

反義 飽食終日

造句 一個人要想在學業上有所成就，就得孜孜不倦的用心學習。

成語知識連結

舜將帝位傳給禹，這種把帝位讓給賢人的方式稱為禪讓。禪讓制是傳說中的部落聯盟民主推選氏族首領的制度。這種制度的執行機構是部落聯盟會議。這種制度主要在黃河流域及中原地區推行。

雞鳴狗盜

齊國的孟嘗君出使秦國，被秦昭王扣押了。孟嘗君無可奈何，只好請人向秦昭王最寵愛的妃子燕姬求救。燕姬說：「別的謝禮我一概不要，我只要一件銀狐皮袍。」可是孟嘗君的銀狐皮袍，已經送給秦昭王作為見面禮了。怎麼辦呢？

這時，有位門客說：「讓我試一試吧！」原來這個門客最善於鑽狗洞偷東西。當天夜裡，這位門客趁黑偷偷溜進了秦國的宮廷，很快就取回了那件銀狐皮袍。燕姬得到了那件銀狐皮袍，便說服秦昭王把孟嘗君放了，並親批了過關文書。

孟嘗君拿到過關文書，急忙逃命，連夜趕到了函谷關。可是城門早已關了，按照規定要到一大早雞叫時才開城門。孟嘗君知道在秦國多待一會兒都很不安全，恨不得馬上逃出秦國。這時跟隨他的門客中有一位會模仿雞叫，他「喔——喔——」的叫了起來，沒多久，函谷關附近的雞就都跟著叫了。雞叫聲響成了一片，城門打開了，孟嘗君即順利的過了關。

釋義 比喻低賤卑下的技能或行為，也指有這種技能或行為的人。

造句 就這點雞鳴狗盜的本事，他也敢在人前炫耀，太沒有自知之明了。

縱虎歸山

東漢末年，劉備帶領關羽、張飛到許昌投靠曹操。曹操對劉備的到來表面上表示歡迎，內心卻很戒備。因為他知道劉備胸懷大志，投靠自己不過是一時之策。有的人勸曹操趁早殺掉劉備，以絕後患。但謀士郭嘉認為，現在殺了劉備恐怕會引起天下英雄的恐懼，不會再有人前來投奔。曹操覺得郭嘉的話很有道理，於是就留劉、關、張三人在許昌暫住。

後來，淮南袁術寫信給袁紹，建議聯手南下破曹。消息傳到許昌，劉備認為這時正是自己脫身的大好良機，於是向曹操建議：「袁術帶兵與袁紹會合，徐州是他必經之路，我願帶少量精兵前去堵截。」曹操一聽大喜，立即讓劉備調集兵馬出發。

劉備率兵急行。謀士郭嘉面見曹操說：「丞相讓劉備前往徐州，等於放龍入海，縱虎歸山，以後恐怕是難以制服了。」曹操十分後悔，急忙派人追趕，但為時已晚。

釋義 比喻放走敵人或對手，留下禍根。

近義 養虎遺患

反義 斬草除根/除惡務盡

造句 他無惡不作，你們要是放走他，無異於縱虎歸山，後患無窮。

紙上談兵

戰國末年，趙國有一位與廉頗齊名的大將，名叫趙奢，他屢立戰功，被封為馬服君。趙奢的兒子名叫趙括，他從小喜歡攻讀兵書，談起行軍列陣，滔滔不絕，頭頭是道。趙奢卻很擔憂，認為他雖然熟讀兵法，但是沒有實戰經驗，只會紙上談兵，將來若是率軍打仗，恐怕會遭到慘敗。

趙奢死後不久，秦國派白起為將，統率雄兵百萬進犯趙國。趙國命廉頗為將，率趙軍四十萬在長平阻擊秦軍。廉頗十分清楚秦軍人馬眾多，糧草運輸困難，不利久戰。他命令趙軍憑險固守，讓秦軍不戰自退。

秦趙兩國部隊在長平對峙許久，白起無計可施，眼看糧草接濟不上，急得六神無主，於是派人到趙國散布流言，說秦軍根本不怕廉頗

，最怕的是趙括。趙王不知是計，立即命趙括為將，代替廉頗。

趙括到了前線，與秦軍展開正面交鋒，結果中了秦軍的埋伏，趙軍四十餘萬全部被俘，後來被白起設計殺害。趙國元氣大傷，不久被秦將王翦滅掉。

釋義 指空談理論，不能解決實際問題。

近義 坐而論道

反義 坐言起行/言行一致

造句 每天關起門來開會，不去做些實際工作，只不過是紙上談兵，絲毫不能解決問題。

奉公守法

戰國時期，趙國大將趙奢原來是一名徵收田賦的下層官員。他辦事公平，而且非常嚴格。有一次他到平原君趙勝家收稅，沒想到平原君的管家不僅拒付稅款，還戲弄趙奢，趙奢便將帶頭鬧事的幾個人依法懲處了。平原君聽說後，十分惱怒，揚言要處死趙奢。

趙奢知道後，主動上門去找平原君，真心誠意的對他說：「你是趙國的棟梁之材，又是朝廷重臣，應該帶頭遵守國家的法令。如果你縱容家人違法，那老百姓看在眼裡，都拒不繳稅，天下還會太平嗎？如果你能夠帶頭遵守法令，那麼趙國就會強大起來，有誰還會來侵犯呢？」平原君聽了趙奢的一番話，感到非常慚愧：沒想到一位收稅小官，竟能有如此的見解，並且又嚴於執法，將來必成大器。所以不但沒有殺他，還把他推薦給趙王，讓他擔任更高的官職。

釋義 奉行公事，遵守法令。

近義 克己奉公

反義 貪贓枉法/因私廢公/胡作非為/作奸犯科

造句 作為國家的公務員，理應奉公守法，為民眾辦事。

成語知識連結

在中國歷史上，有許許多多人民的公僕，一心為公，勤政為民。他們心裡裝著國家和人民的利益，贏得了人們的尊重與愛戴，最終流芳千古。我們應該從小就培養自己這方面的素質，做奉公守法的公民，長大後才能堂堂正正做人，踏踏實實做事，為國家和人民做出應有的貢獻。

玩物喪志

周武王姬發滅商後，建立了西周王朝。為了鞏固自己的統治，周武王一面分封諸侯，一面派出使臣到邊遠地區，號召各國臣服周朝。

懾於武王的威名，許多遠方國家和部族都先後派人到鎬京（周都，今陝西西安市西南），向周朝稱臣納貢。有一天，一位使臣獻上了一種叫獒的大狗。這條狗身材高大，凶猛善鬥，且通人性，見了周武王還俯首行禮。武王看了，非常高興，命人收下了這條狗，並重賞了使者。

這件事被太保召公看見了。退朝以後，他寫了一篇《旅獒》呈給周武王，勸他要艱苦奮鬥，不能使勝利果實毀於一旦。其中寫道：輕易侮弄別人，會損害自己的德行；沉迷於供人玩樂的事物，會喪失進取的志向。武王讀了《旅獒》，想到商朝

滅亡的教訓，覺得召公的勸告是對的，於是把收到的貢品分賜給諸侯和有功之臣，自己則兢兢業業的致力於國家的治理和建設。

釋義 沉迷於玩賞所喜愛的事物，而喪失掉積極進取的志氣。

造句 工作之餘，種花養鳥，確實可以怡情養性，但如果一味迷戀而不顧及其他，那就是玩物喪志了。

成語知識連結

周國國君姬昌經常借遊獵尋訪賢才。一天，他在渭水河邊看到姜子牙釣魚時，直直的魚鉤離水面有三尺多高，非常奇怪，便上前詢問。姜子牙說：「我名為垂釣，意不在魚而在聖君。願者上鉤。」姬昌於是拜他為相，人稱「姜太公」。姜太公先是輔佐文王姬昌，後又輔佐武王姬發（姬昌的兒子）。終於滅了商紂，建立周朝。

揠苗助長

戰國時期，宋國有一位農夫，他經常到田間去觀察禾苗的生長情況。可是，一天天過去了，禾苗好像一點也沒有長高。他焦急的在田邊走來走去，心想：照這樣下去，我何時才能吃上從地裡長出來的糧食啊！不能老是這樣坐著等，得想個辦法幫助它生長。

這一天，農夫又在田邊焦急的走來走去，忽然靈機一動，心想：如果把禾苗都往上拔一小截，那它們不是一下子長高一大截了嗎？於是，他急忙到田裡，將禾苗一棵棵向上拔，從早上一直忙到天黑，累得筋疲力盡。

回到家裡，他心滿意足的把今天的事講給家人聽。他兒子聽了以後，急忙跑到田裡一看，發現禾苗全都枯萎了。

釋義 把苗拔起來，幫助苗快長。比喻違反事物的發展規律，急於求成，只能事與願違。

近義 欲速不達

反義 水到渠成/瓜熟蒂落

造句 教學要循序漸進，不能不顧學生的接受能力而揠苗助長。

成語知識連結

自然界萬物的生長，都是有自己的規律，人不能強行改變這些規律，只有遵循規律辦事才能取得成功。愚蠢的宋國農人不懂得這個道理，急功近利，一心只想讓莊稼按自己的意願快快長高，結果落得一個可悲的下場。我們平時學習、做事也要遵循客觀規律，不能急於求成，否則就會適得其反。

勢如破竹

三國末年，司馬炎滅掉蜀國，奪取魏國政權以後，拜杜預為平東將軍，準備出兵攻打東吳，統一中國。杜預率領大軍一舉攻下江陵，占領了長江下游許多城鎮，把吳國的都督孫歆也俘虜了。

杜預看到戰勢這麼順利，就想一鼓作氣消滅吳國。一些將領卻認為不妥，因為連續作戰是用兵的大忌，將士都很疲勞；又值酷暑，天氣炎熱，疾病流行；並且河水上漲，對不習慣水戰的晉軍也十分不利，不如等到冬季再舉兵進攻。

杜預心想，現在晉軍連取數城，士氣正旺，如果就此罷手，勢必給吳軍有喘息的機會，到時候再舉兵來戰，恐怕就不那麼容易了。因此杜預就鼓勵軍士們：「從

前，燕國大將樂毅於洛西一戰，一口氣攻下齊國七十多座城池，除了指揮有方，最重要的是士氣很旺。我們現在士氣正旺，這時如果攻打吳國，就像劈竹子一樣，劈開前面幾節後，其他的都會迎刃而解。」於是，晉軍在稍做休整後，繼續伐吳，終於一舉攻占了吳國都城建業，滅了吳國。

釋義 形勢如同劈竹子一樣，劈開頭上幾節，下面各節就順著刀口裂開了。後形容順利進行，毫無阻礙。

近義 勢不可擋/所向披靡

反義 節節敗退/一潰千里

造句 抗戰後期，我軍大舉反攻，勢如破竹，迅速扭轉了戰爭局勢。

抱薪救火

戰國末期，秦國向魏國接連發動大規模的進攻，魏國無力抵抗，大片土地都被秦軍占領了。西元前 273 年，秦國又一次向魏國出兵，魏王把大臣們召來，問大家有沒有使秦國退兵的辦法。大臣們由於經過多年的戰亂，一提起打仗就嚇得打哆嗦，誰也不敢談「抵抗」二字。在大兵壓境的危急時刻，多數大臣都勸魏王以割讓土地為代價，向秦王求和。

謀士蘇代堅決反對割地求和。他對魏王說：「把大片土地割讓給秦國，雖然暫時滿足了秦王的野心，但秦國的欲望是無止境的，只要魏國的土地沒割完，秦軍就不會停止進攻。就像抱著柴火去救火，柴沒燒完，火是不會滅的。」

可是魏王不聽蘇代的勸阻，還是依大臣們的意見把魏國大片土地割讓給秦國。西元225年，秦軍果然又向魏國大舉進攻，包圍了國都大梁，掘開黃河大堤讓洪水淹沒了大梁城，魏國終於被秦國滅掉了。

釋義 抱著柴火去救火。比喻採取不正確的方法去消除禍患，反而會加快禍患的蔓延。

近義 火上加油

造句 晚清政府的對外政策過於軟弱，一味的割地賠款，這就無異於抱薪救火，只會讓外患更加深重。

成語知識連結

這個故事出自《史記．魏世家》。文中的蘇代是主張合縱抗秦的蘇秦的弟弟，魏王即安厘王。蘇代的原句是：「以地事秦，猶抱薪救火，薪不盡，火不滅。」後來到了宋朝，又有一名士蘇洵寫了《六國論》，評論六國被秦所滅的原因就是沒有團結起來，救亡圖存。

披荊斬棘

當馮異追隨漢光武帝劉秀多年，患難與共，屢立戰功。

早年，劉秀進軍河北，事業不大順利。當時，王郎在邯鄲稱帝，懸重賞捉拿劉秀。劉秀帶著部屬從薊縣往東南轉移，早晚在茅屋中休息。由於天氣寒冷，北風凜烈，戰士飢寒交迫，馮異叫人煮了一大鍋豆粥給大家吃，使大家恢復了體力。後來，他們又遇上了狂風暴雨，劉秀躲入路旁空屋裡避雨。馮異抱來了木柴生起火來，幫助劉秀烘乾衣服，又端來了麥飯給他吃。這兩件事使劉秀久久不能忘懷。

劉秀稱帝後，馮異奉命討伐赤眉軍，平定關中，權勢越來越大。有人向光武帝進讒言，說馮異專制關中，威權太重，百姓人心歸附，稱他為「咸陽王」，要防備不測。馮異知道後，非常惶恐，上奏章給劉秀，表明自己受知遇之恩，忠於朝廷，謹慎辦事，不敢有絲毫差錯。後來，馮異從長安入朝，劉秀指著馮異對朝廷中的公卿大臣們說：「他是我起兵時的主簿，為我披荊斬棘，平定了關中，功勞可不小啊！」

釋義 比喻在前進道路上掃除障礙、克服困難。

造句 今天的幸福生活是祖先們披荊斬棘換來的，我們應當好好珍惜。

喪心病狂

南宋時期，金兵多次南下入侵。奸臣秦檜主張與金議和，迎合了宋高宗的心理，地位不斷上升。

金國派使臣前來進行和談。他們依恃金兵的強大，行動傲慢，目中無人，提出了許多無理條件，遭到朝中許多大臣的反對。主戰派要求驅逐金國使者，以武力與金兵對抗，收復失

地，揚大宋國威。可是秦檜卻唆使宋高宗答應了屈辱的議和條件。

校書郎范如圭對此義憤填膺，他聯合朝中其他忠臣良將一起簽名上書宋高宗，反對喪權辱國的議和條件。但是奏章寫好之後，那些官員卻害怕秦檜打擊報復，一個個打了退堂鼓。

范如圭一氣之下就寫了一封羞辱秦檜的書信，指責他賣國求榮的行為。信中這樣寫道：「你秦檜如果不是喪心病狂的話，怎麼能做出這種可恥的喪權辱國的行徑呢？你若是一意孤行，必將遺臭萬年，永遠受到後人的唾罵！」

釋義 喪失理智，像發了瘋一樣。形容言行荒謬、可惡到了極點。

近義 喪盡天良/傷天害理

造句 這幾個漢奸，為了討好日本人，竟然喪心病狂的向抗日軍民開槍！

成語知識連結

西元十世紀，中國東北松花江流域一直受著遼國統治和壓迫的少數民族——女真族日漸強盛起來。西元十二世紀初，女真族中出現一位傑出首領完顏阿骨打，他領導女真人反抗遼契丹貴族統治。1115年，完顏阿骨打在會寧（今黑龍江省阿城縣）正式建都，國號大金。

杯弓蛇影

西晉時期，有一位叫樂廣的人非常好客。一天，他請朋友到家裡喝酒。那位朋友拿起酒杯，忽然看見酒杯中有一條小蛇在晃動，心裡很厭惡，但出於禮貌，還是勉強把酒喝了下去。回到家後，那位朋友就病倒了。

樂廣聽說朋友病了，便特地去看他。當他知道朋友生病的原因後，心裡很納悶：「酒杯裡怎麼會有小蛇呢？這是絕對不可能的！」

為了弄清事實，樂廣回到家裡，便坐在大廳裡那位朋友曾坐過的位置上，將酒杯斟滿酒，並察看杯中的酒。忽然，他看到酒杯中的小蛇：原來是掛在牆上的弓倒映在酒裡的影子。

於是，樂廣趕到那位朋友家，向他說明了原因。那位朋友聽了，病立即痊癒了。

釋義 形容疑神疑鬼，自相驚擾。

近義 草木皆兵/風聲鶴唳

造句 他最近身體不適，便認為自己得了癌症，直到檢查結果出來，才知是杯弓蛇影，虛驚一場。

杯水車薪

古時候，有一位樵夫，靠著砍柴賣錢來養活家人。

有一天，他推著柴車到山上去砍柴。他把那些柴用繩子捆好背到山下，放到柴車上，稍微歇息了一下就又上山砍起柴來。砍著砍著，他忽然聞到一股濃煙的味道，回頭一瞧，原來是自己的柴車失火了。他急忙扔下柴刀，連滾帶爬的跑到山下一看，柴車上的火苗已經燒得很高了。可是附近根本沒有水，怎麼救火呢？樵夫突然看到柴車旁邊的水杯，連忙把水杯裡的水澆到柴火上。這小小的一杯水，怎麼能撲滅那熊熊燃燒的大火呢？不一會兒，樵夫辛辛苦苦砍下的柴以及那輛柴車便化成了灰燼。

釋義 比喻力量太小或東西太少，解決不了問題。

近義 無濟於事/於事無補

造句 這點錢對於解決你眼前的困難來說，雖是杯水車薪，但總比沒有的好啊！

畫龍點睛

張僧繇是南北朝時期的著名畫家。有一年，他在安樂寺的牆壁上畫了四條飛龍。那些龍神態各異，栩栩如生，吸引了眾多遊人前來觀賞。只是這幾條龍都缺少了眼睛，有些美中不足。於是大家一致要求他把龍的眼睛畫上。

張僧繇說：「並不是我不想把眼睛給加上去，如果我給牠們畫上眼睛，牠們就會飛走的。」眾人不相信。張僧繇實在推辭不掉，只好給其中的兩條龍點上眼睛。

誰知他剛把眼睛畫完，天空中立即烏雲密布，電閃雷鳴，一會兒就下起了傾盆大雨。只聽一聲巨響，兩條被點睛的巨龍破壁而出，騰空而去，而沒有點睛的兩條龍則仍然留在牆壁上。

釋義 比喻藝術創作在關鍵處著墨或寫作、說話時在關鍵處加上精闢詞語，使內容更加生動傳神。

造句 這篇散文寫景物，栩栩如生，末尾的兩句畫龍點睛，更為文章增色不少。

畫虎類犬

東漢時期，有一位名將叫馬援。他志向遠大，英勇善戰，為東漢王朝的建立立下不朽的功勳，被光武帝劉秀封為伏波將軍。

馬援不僅治兵嚴謹，指揮有方，還非常重視自己家族中子弟的教育，避免他們走上邪道。有一天，他聽說侄兒馬嚴和馬敦結交俠客，認為這樣下去會耽誤學業，就寫信勸告他們說：「我希望你們在聽到有人議論別人的過失時，能夠像聽到對自己父母的議論那樣，只可用耳聽，不可加入討論，我一生最反對議論別人長短。龍伯高這個人穩重謹慎，謙遜廉儉，為人正派，是我最敬重的，我希望你們向他學習。杜季良豪俠仗義，能為人解憂，也是我敬重的人之一，但我不希望你們向他學習

，因為你們很難學得成功。學龍伯高不成功，還不失為一位謹慎忠厚的人；如果學杜季良不成功，就會成為輕薄之徒，就像畫一隻老虎，如果畫不好，就類似一隻狗了。」

釋義 比喻好高騖遠，一事無成，反被人作為笑柄。也比喻模仿得不好，反而弄得不倫不類。

近義 弄巧成拙

造句 他做事不太穩重，我不把這個任務交給他，是怕他畫虎類犬，被人笑話。

成語知識連結

這個成語出自《後漢書》。《後漢書》由南朝宋范曄編撰而成，分為十紀、八十列傳、三十志，共一百二十卷，記載了從王莽滅亡到東漢獻帝劉協近二百年的歷史。與《史記》、《漢書》、《三國志》並稱「四史」，是紀傳體史書的代表作之一。

畫餅充飢

盧毓是三國時期魏國的大臣。大約十歲時就成了孤兒。後來他發奮讀書，終於成為很有才學的人，並且做了官。由於工作出色，不久盧毓被提升為中書郎，後又被提升為吏部尚書，負責全國官吏的任免調動等事務。

盧毓升遷後，中書郎這個職位空缺。魏文帝對盧毓說：「中書郎這個職位很重要，掌管國家的機要政令等事務，能不能選到合適的人，關鍵就看你了。不要只選那些有名氣而沒有才學的人，名氣就像畫在地上的餅，是不能充飢的。」

盧毓說：「陛下說得很對，但臣以為，在一定程度上，名氣還是反映一個人的素養的。如果一個人沒有名氣，說明他的道德修養和才華並不出眾，也不會被更多人知道。臣以為關鍵在於對那些有名氣的人進行考核，看他們是否真有才學。」

魏文帝覺得這個辦法很好，就接受了他的建議，制定官員考核辦法，擇優錄用。

釋義 比喻徒有虛名而無實惠，於事無補。也比喻以空想來聊以自慰。

近義 望梅止渴

造句 這些理論聽起來很精采，但如果不能運用於實踐，就只是畫餅充飢。

畫蛇添足

　　有個楚國貴族，在祭祀過祖宗後，把一壺祭酒賞給門客們喝。門客們拿著這壺酒，不知如何處理。他們覺得，這麼多人喝一壺酒，肯定不夠，還不如乾脆給一個人喝，喝得痛痛快快還好些。可是到底給誰好呢？於是，門客們商量出了一個好主意，每個人在地上畫一條蛇，誰先畫好了，這壺酒就歸誰喝。

　　他們一人拿一根小棍，開始在地上畫蛇。有一個人畫得很快，不一會兒，就把蛇畫好了，於是把酒壺拿了起來。他正要喝酒時，看見其他人還沒畫完，便自言自語的說：「看我再來給蛇添上幾隻腳，他們也未必畫得完。」

當他正在給蛇添足的時候，另一個人也畫好了，一把搶走他手裡的酒壺，說道：「蛇是沒有腳的。這酒應該是我的。」說完，一仰頭把酒喝了。這個畫蛇添足的人，不但沒有喝到酒，反而受到別人的一陣嘲笑。

釋義 比喻多此一舉，弄巧成拙。

近義 多此一舉/節外生枝

造句 做事最好適可而止，若刻意求工，反而如畫蛇添足，只會多此一舉。

臥薪嘗膽

春秋時期，越國與吳國發生戰爭，結果越國大敗。越王句踐聽從大臣文種的建議，將越國美女西施獻給吳王夫差，請求投降。夫差認為越國已經不足為患，又看上了西施的美色，就不聽伍子胥的勸告，把軍隊撤回了吳國。吳國撤兵後，句踐帶著妻子和大夫范蠡到吳國伺候吳王，卑躬屈膝，終於贏得了吳王的歡心和信任。三年後，他們被釋放回國了。

句踐回國後，立志發憤圖強，準備復仇。他怕自己貪圖舒適的生活，消磨了報仇的志氣，晚上就枕著兵器，睡在稻草堆上。他還在屋子裡掛了一只苦膽，每天早上起來後就嘗嘗苦膽，以提醒自己不忘報仇雪恨。他派文種管理國家政事，范蠡管理軍事，並且親自到田裡與農夫一起幹活，妻子也紡線織布。句踐的這些舉動感動了越國上下，經過十年的艱苦奮鬥，越國終於兵精糧足，轉弱為強。於是，句踐親自舉兵攻打吳國，夫差倉促應戰，兵敗自殺，吳國滅亡。

釋義 形容刻苦自勵，發憤圖強。

近義 奮發圖強/勵精圖治

反義 醉生夢死/苟且偷生

造句 這次比賽，由於臨場經驗不足，他們敗得很慘。現在，他們正臥薪嘗膽，準備在下一次比賽時，一雪前恥。

成語知識連結

蒲松齡曾借用這個典故，寫了一幅讀書聯：「有志者，事竟成，破釜沉舟，百二秦關終屬楚；苦心人，天不負，臥薪嘗膽，三千越甲可吞吳。」讚揚了越王句踐忍辱負重、報仇復國的頑強意志。

明珠暗投

西漢景帝即位後，沒有馬上冊立太子。他的弟弟梁孝王一直想繼承皇位，就與俠客羊勝和公孫詭密謀，試圖篡位。他們的祕密談話被梁孝王的另外一位門客鄒陽偶然聽到。鄒陽是一位有才學、有見識的人，於是勸說梁孝王，讓他不要輕舉妄動，以免鑄成大錯。羊勝和公孫詭就慫恿梁孝王將鄒陽打入監獄。

鄒陽在監獄裡給梁孝王寫了一封信。信中寫道：「我聽說，世界上最罕見的寶物是明月之珠和夜光之璧，但如果把它們扔到大街的暗處，過往的行人看見它，肯定會很納悶，不敢去撿，因為他們不知道這寶物為什麼會突然出現在他們的面前。這就如同我懷著一片忠心投靠您，反而引起您的誤解一樣，更得不到您的重視啊！」梁孝王看完了信，就把鄒陽從獄中釋放出來，仍留在王府做門客。

後來，梁孝王派人行刺新立太子盎，被漢景帝抓獲，理應問斬。鄒陽透過漢景帝的寵妃王美人替梁孝王說

情，救了梁孝王一命，而羊勝、公孫詭則被就地處死。

釋義 比喻有才能的人得不到重用、賞識或好人誤入歧途。也比喻珍貴的東西落錯了地方，得不到珍愛。

造句 他在這個單位一直沒有得到重用，常有明珠暗投之感。

明察秋毫

戰國時期，齊宣王向孟子請教如何統一天下。孟子說：「用道德來統一天下。」齊宣王有些迷惑不解。

孟子對齊宣王說：「您不忍心殺一頭發抖的牛，而下令用一隻羊來替代，這樣的善心就是以德統一天下的事例。表面上，百姓會認為您這是吝嗇，實際上您是不忍心。他們普通人怎麼能理解您真正的用心是出於仁愛呢？」

孟子接著說：「有人對您說，他力量很大，可以舉起三千斤的東西，但拿不動一根羽毛；他可以將秋天鳥兒的絨毛看得很清楚，卻看不見一車的柴草。您相信這些話是真的嗎？」

「當然不相信。」齊宣王馬上肯定的說。

孟子說：「其實，舉不起一根羽毛，是不用力氣的緣故；沒看到一車柴草，是因為不去看的緣故；百姓得不到安定的生活，是您不願意施加恩惠給他們。所以您不用道德來統一天下，是您不願意這樣做，而不是不能這樣做啊！」

齊宣王聽後，恍然大悟。

釋義 意為視力好到能察辨秋天鳥獸新長的細毛。後形容人精明、目光敏銳，能洞察一切。

近義 洞若觀火

反義 不見輿薪

造句 他遇事能明察秋毫，可別想在他面前玩什麼花樣。

易如反掌

戰國時期，公孫丑是孟子的一名弟子，他一直十分佩服齊國的名相管仲和晏嬰。他認為，齊國之所以強大，主要是因為有他們的輔佐，使得政治穩定，軍力強盛。齊桓公有了管仲才成為春秋五霸中的第一霸主，齊景公有了晏嬰的輔佐才使齊國日益強盛。因此，公孫丑非常希望自己的老師也能夠像管仲、晏嬰一樣成就一番大事業。

有一天，公孫丑來見孟子，十分恭敬的向他請教說：「老師，如果您在齊國當政，是不是也可以像管仲、晏嬰一樣建功立業

成語知識連結

孟子提倡「民為貴，君為輕」、「保民而王」，認為只有施行仁政，愛護百姓，國家才能興旺發達。孟子將孔子的「仁」發展成「仁政」，提出了自己的政治思想，對以後儒家文化的發展有重要影響。

呢？」孟子聽後很不高興，他皺著眉頭反問公孫丑：「你為什麼拿我與他們相比呢？齊國地大物博，只要有能臣輔佐，再施行仁政，就可以一舉統一天下，像把手掌翻過來一樣容易。」公孫丑若有所悟的點頭道：「老師，我明白了。」

釋義 形容事情很容易辦到。

反義 來之不易/難於登天

造句 這件事對我來說可是易如反掌，你不必這麼擔心。

知難而退

春秋時期，晉國和楚國是兩個比較大的國家，彼此為了爭奪霸權，相互之間不斷進行戰爭。鄭國是個比較弱小的諸侯國，在晉、楚爭霸的過程中，有時依附晉國，有時又不得不依附楚國。在西元前597年，鄭國投靠了晉國。不久，楚王領兵攻打鄭國，將鄭國都城圍困了十七天，鄭國招架不住，和楚國講和，降服了楚國。

晉國聽說楚國進攻鄭國，於是派荀林父等人領兵前往救援。晉國大軍到達黃河邊時，知道楚國已經與鄭國講和，訂立了盟約。晉軍內部產生了分歧，以中軍副帥先縠為首的一批人想要繼續前進，與楚軍大戰一場；以中軍主帥荀林父為首的一批人想撤兵回國。

大夫士會也同意荀林父的意見。他認為，用兵要有機可乘才能打勝仗，現在楚國內外無恙，正值強盛時期，而晉國的實力不如他們，加上有鄭國在一旁助威，還不如暫時退兵為好。最終說服了中軍副帥先穀，退兵回國。

釋義 原指作戰時見機行事，遇到不利情況應及時退避。後指碰到困難就退縮。

近義 見機行事

造句 人貴在有自知之明，既然能力有限，就該知難而退，何必苦撐呢？

成語知識連結

本典故出自《左傳》，原句是「見可而進，知難而退，軍之善政也」。其實不僅是軍事，在我們的日常生活中也要清楚的分析自己的強勢和弱勢，如果明知事情是自己能力所不能及的，就要知難而退，不能逞強。

魚目混珠

從前，有一位叫滿願的人，買到了一顆大珍珠，直徑大約有一寸，潔白無瑕。他非常珍愛，裝在一個精緻的盒子裡，嚴密的收藏起來，從不輕易給人看。他有一位鄰居叫壽量，非常羨慕滿願的那顆珍珠，但又不能當面欣賞。有一次，壽量得到一顆魚眼睛，也很大，很精緻，就把它當做珍珠珍藏起來，不給任何人看，還常向其他人說：「滿願有一顆珍珠，有什麼了不起，我也有一顆非常漂亮的珍珠呢！」

後來，滿願和壽量碰巧得了同一種病，他們同時去看醫生。醫生診斷以後，說：「你們這種病很好治，藥材我這裡都有，只是需要珍珠粉來做藥引煎熬。」兩人一聽，趕緊回家取來各自收藏的「珍珠」，把它們拿給醫生看。醫生拿起滿願的珍珠，讚嘆道：「啊！真是一顆好珍珠啊！」然後又拿起壽量的那顆珍珠瞧了瞧，哈哈大笑起來：「這哪裡是珍珠，分明是魚眼睛嘛！你這是『魚目混珠』啊。」壽量羞得面紅耳赤。

釋義 指用魚眼睛冒充珍珠。比喻以假亂真。

近義 以假亂真/濫竽充數

反義 貨真價實

造句 他是鑑定古代書畫的高手，你在他面前休想魚目混珠，耍什麼花樣。

狐假虎威

戰國時期，北方諸侯國都很害怕楚國的大將昭奚恤。楚宣王覺得很不能理解，就問身邊的大臣：「為什麼各諸侯國都害怕大將昭奚恤呢？」

有個名叫江一的大臣，向楚宣王講述了一則寓言故事：從前，有一隻凶猛的老虎，抓到了一隻狡猾的狐狸，想把狐狸當做一頓美餐充飢。狐狸急中生智，裝出一副神氣的樣子對老虎說：「你不敢吃掉我，我是天帝派來的百獸之王！」老虎有些不相信。狐狸又說：「如果你不相信的話，就跟在我後面走，森林中的所有鳥獸看到我都會嚇得紛紛逃命。」老虎想

看看狐狸說的話到底是不是真的，就答應跟在牠後面走。果然，一路上所有鳥獸見了牠們都四處逃竄。可是，老虎並不知道百獸是因為害怕自己而不是害怕狐狸才逃跑的。

江一接著對楚宣王說：「大王，您如今把五千里國土和百萬軍隊都交給昭奚恤管轄，所以那些諸侯們才怕他。實際上，他們不是害怕昭奚恤，而是害怕您的強大軍隊呀！」

釋義 比喻倚仗別人的威勢嚇唬人、欺壓人。

近義 狗仗人勢/仗勢欺人

造句 他沒任何本事，只因為他父親是縣長，便狐假虎威，在這一帶為非作歹。

炙手可熱

唐玄宗李隆基年輕時是一位很有作為的皇帝。後來，他任用李林甫為丞相，政治開始腐敗。西元 745 年，他封楊玉環為貴妃，縱情聲色，奢侈荒淫，政治越來越腐敗了。楊貴妃有個堂兄叫楊釗。由於楊貴妃得寵，楊釗也平步青雲，做了御史，唐玄宗還賜名「國忠」。不久，李林甫死了，唐玄宗便任命楊國忠做丞相。一時之間，楊家兄妹權勢熏天，他們結黨營私，把整個朝廷搞得烏煙瘴氣，以致不久以後就爆發了安祿山、史思明的叛亂。

西元753年農曆三月初三的這一天，楊貴妃等一行人到曲江江邊遊春野宴，轟動一時。詩人杜甫對楊家兄妹這種只顧自己享樂，不管百姓死活的行為極為憤慨，寫出了著名的《麗人行》一詩，大膽揭露並諷刺了楊家兄妹生活的奢侈。「炙手可熱勢絕倫，慎莫近前丞相嗔」，便是詩中的二句。這兩句詩的意思是：楊家權重位高，勢焰逼人，沒有人能與之相比；你千萬不要走近前去，以免惹得丞相發怒生氣。

釋義 手一靠近就感覺很燙。比喻氣焰盛，權勢大。

造句 他現在深得總經理的信任，被委以重任，正是炙手可熱的時候。

狗尾續貂

晉武帝司馬炎兼併了魏、蜀、吳三國，建立了統一的晉朝以後，把家族子弟分封各地為王，企圖以此鞏固晉朝的統治。結果事與願違，諸王互相爭權奪利，造成了嚴重的內亂。

晉武帝的叔叔司馬倫野心勃勃，武帝在位時封他為趙王，武帝去世不久，他就發動政變，趕走皇帝，自己稱帝。他把親戚和同黨都擢升為公侯，就連奴僕、小卒也濫加封賞。每到朝會的時候，滿朝的人都頭戴貂蟬冠。當時的人編了個諺語諷刺說：「貂

不足，狗尾續。」意思是說：貂擁有珍貴的皮毛，大冠太多，貂毛不夠用了，就用狗尾代替吧！

釋義 比喻拿不好的東西補接到好的東西後面，前後不相稱。

近義 濫竽充數

造句 你的文章寫得這麼好，我可不敢替你續寫，弄得不好的話就成狗尾續貂了。

成語知識連結

前美後醜，兩者極不相稱，叫做「狗尾續貂」。就像在別人的好文章後面胡亂添寫一段，或者在別人未完成的佳作代為續寫，但接續的不高明，都叫做「狗尾續貂」。也可作為謙辭。

夜郎自大

西漢時期，在西南邊境有一個夜郎國。夜郎國的國王從來沒有離開過自己的國土，也不知外面的情形，所以自以為了不起。

漢武帝時候，派使者出使印度，經過夜郎國。夜郎的首領多同從沒去過中原，根本不知道中原是怎麼回事，於是他派人將漢朝使者請進部落帳中。多同問漢朝使者說：「漢和夜郎相比，哪個大？」

漢使者聽了多同的問話，不禁哈哈大笑起來。他回答說：「夜郎和漢是完全不能相比的。漢朝的州郡就有好幾十個，而夜郎全部的地盤還抵不上漢朝一個郡的地盤。你看，哪一個大呢？」

釋義 比喻妄自尊大。

近義 妄自尊大

反義 虛懷若谷

造句 我們要研究和吸收國內外一切有用的知識，絕不能夜郎自大，固步自封。

廢寢忘食

孔子周遊列國時，到了楚國的一個小城葉邑。葉邑的大夫沈諸梁熱情接待孔子。

沈諸梁早就聽說孔子是個非常有名的學問家，還教出了許多優秀的學生，但對孔子本人並不真正了解，就向孔子的學生子路打聽孔子的為人。子路已經跟隨孔子多年了，但一時不知從何說起，就沒有回答。

後來，孔子知道了這件事，就對子路說：「你為什麼不回答他呢？你應該說，我的老師孔夫子嘛，刻苦認真，不知道疲倦，有時甚至忘記了吃飯和睡覺；他津津樂道的傳道授業，從不為受苦受窮而擔憂；他自強不息，甚至忘記了自己的年紀。」

釋義 顧不上睡覺，忘記了吃飯。形容對某事專心致志。

近義 孜孜不倦/夜以繼日

造句 小張廢寢忘食的苦練英語，終於自學成才。

盲人摸象

很久以前，有一位國王，為了給群臣講清楚一個道理，就派人牽來一隻大象，讓一群瞎子去摸。

摸到大象牙齒的，說大象像一根又長又大的蘿蔔；摸到大象背的，說大象像一張床；摸到大象尾巴的，說大象像一根很粗的麻繩；摸到大象肚子的，說大象像一堵牆。瞎子們吵吵嚷嚷，爭執不休，自以為是，互不相讓。

於是國王語重心長的對群臣說：「大象就好比佛，一切眾生就如盲人，只憑自己的一面看法而妄加猜測，偏頗的地方太多了，怎麼能不隨時警惕自己並自我激勵呢？」

釋義 比喻以偏概全。

近義 坐井觀天

造句 他只到基層看了幾天就妄下結論，可能要犯盲人摸象的錯誤了。

盲人瞎馬

東晉時期，顧愷之、桓玄和殷仲堪三人都很有才華。他們經常相聚在一起吟詩作畫，閒談說笑。

有一次，他們約定說「了語」（用一句話表示事情完結）。顧愷之說道：「火燒平原無遺燎。」這句話是以燒光為「了」。殷仲堪說：「白布纏棺豎旒旐。」這句話以人死為「了」。桓玄說：「投魚深淵放飛鳥。」這句話以一去不復返為「了」。

後來，他們又約定說「危語」（用一句話表示非常危險的情況）。桓玄說：「矛頭淅米劍頭炊。」這句話的意思是把槍矛和利劍的尖頭當米煮飯吃。殷仲堪說：「百歲老翁攀枯枝。」意思是說年過百歲的老頭懸掛在枯萎的樹枝上。顧愷之說：「井上轆轤臥嬰兒。」井上轆轤容易滾動，嬰兒躺在上面非常危險。

大家正說得高興時，忽然有位參軍說道：「盲人騎瞎馬，夜半臨深池。」瞎了眼睛的人

，騎著一匹瞎馬，深更半夜，走到深水池塘邊，這當然是最危險的事情了。殷仲堪聽了，不禁連連讚嘆。

釋義 盲人騎著瞎馬。比喻盲目行動，境況危險，或心中無數，不知所為。

近義 千鈞一髮/岌岌可危

反義 萬無一失/穩如泰山

造句 學習一定要掌握正確的方法，不能盲人瞎馬，亂闖亂碰。

成語知識連結

顧愷之是東晉時期最負盛名的大畫家，同時也是中國繪畫史上最早的繪畫理論家。他多才多藝，詩、書、畫樣樣在行。當時人們稱他有三絕，即「才絕」、「畫絕」、「癡絕」。

鄭人買履

古時候，有位鄭國人，鞋子穿破了，準備到市集上去買一雙新的鞋子。

去市集之前，他在家先用一根小繩量好了自己腳的尺寸長短。

市集上熱鬧極了。這位鄭國人逕自走到鞋鋪前，讓掌櫃的拿了幾雙鞋。他正準備掏出小繩，用事先量好的

尺碼來比一比新鞋的大小，忽然想起小繩擱在家裡忘記帶來了。於是他急急忙忙返回家中，拿了小繩又趕回市集。可是等他到了那裡，鞋鋪已經打烊了。他沒能買成鞋，十分沮喪。

有幾個人圍過來，知道情況後問他：「買鞋時為什麼不用你自己的腳去穿一下，試試鞋的大小呢？」他回答說：「那可不成，量的尺碼才可靠，我的腳是不可靠的。我寧可相信尺碼，也不相信自己的腳。」

釋義 指只知墨守成規不考慮實際情況的人或做法。

造句 他完全照搬書上的理論去運作企業，這種鄭人買履的做法，當然難以把企業經營好。

捲土重來

秦朝滅亡以後，項羽和劉邦為了爭奪天下，開始了長達四年的楚漢戰爭。

由於項羽居功自傲又剛愎自用，結果在垓下一戰中，中了韓信的埋伏，十萬精兵，只剩下八千餘人，倉惶逃出。他們突破漢軍的重重包圍，逃到烏江時，項羽身邊只剩下二十幾人了。前面是茫茫江水，後面是無數追兵。這時來了一艘渡船，眾將士勸項羽上船過江。項羽自覺無顏再回江東見鄉親父老，於是就在烏江邊拔劍自刎了。

後來，唐朝的大詩人杜牧到烏江遊玩，想起了當年項羽一事，不由得感慨萬分。於是，寫下了一首《題烏江亭》。全詩為：「勝敗兵家事不期，包羞忍辱是男兒。江東子弟多才俊，捲土重來未可知。」意思是勝敗乃兵家常事，真正的男子漢大丈夫應該能屈能伸。江東人才濟濟，如果項羽渡江而去，再積聚兵馬，養精蓄銳，有朝一日，也許還可以捲土重來，與漢軍決一雌雄。充分表達了詩人對項羽自刎烏江的惋惜之情。

釋義 捲土：捲起塵土。形容人馬奔跑之狀。比喻失敗以後又重新恢復勢力；也比喻消失了的人或事物重新出現。

近義 東山再起/重整旗鼓

反義 銷聲匿跡

造句 足球比賽失敗了沒有關係，只要我們堅持訓練，一定可以捲土重來。

沾沾自喜

西漢時期，有位名叫竇嬰。他是漢朝竇太后的侄兒，喜歡結交四方賢士。有一天，竇嬰陪漢景帝和景帝的弟弟梁孝王喝酒。正喝得高興時，景帝笑著對梁孝王說：「我去世以後，就把帝位傳給你。」竇嬰聽了，對景帝說：「自古帝位都是傳子不傳弟的，梁孝王沒有當皇帝的資格，我不贊成你這樣做。」竇太后因此對竇嬰懷恨在心。後來吳王和楚王等聚眾造反，漢景帝就派竇嬰率大軍平叛。竇嬰終於平息了暴亂，被漢景帝封為魏其侯，連竇太后也對他刮目相看了。

不久，竇嬰擔任了太子的老師。後來漢景帝想廢掉太子，竇嬰多次勸阻，引得漢景帝十分不滿，於是竇嬰稱病辭官歸隱了。又過了一段時間，丞相劉舍被免職，竇太后幾次提議請竇嬰擔任丞相，漢景帝都不同意。他說：「竇嬰這個人，自以為是，辦事草率輕浮，沾沾自喜，很難擔當重任。」漢景帝最終沒有任用竇嬰，而是讓建陵侯衛綰當了丞相。

釋義 形容自以為很好而得意的樣子。

近義 自鳴得意/洋洋自得

反義 自輕自賤/垂頭喪氣

造句 那種稍有點成績就沾沾自喜的人，是不會有多大作為的。

怙惡不悛

西元前740年，衛國聯合宋國和陳國準備進攻鄭國。鄭莊公連忙派使者向陳國求和，並希望結成聯盟。可是陳桓公根本瞧不起鄭莊公，不願與鄭國結盟。陳公子五父勸諫陳桓公說：「對鄰國親近、仁愛和友善是立國根本，您應該考慮到這些，而和鄭國搞好鄰里關係。」但陳桓公根本不聽勸告，他反駁說：「宋國和衛國都是大國，是我所難以對付的，鄭國國小力弱，不會對我們構成任何威脅！」

鄭莊公得知陳國非但不肯結盟，還出言不遜，就決定給他點顏色看看

說的吧！如果堅持做壞事而不去改正，自身一定會遭到災禍的，到那時再想挽救，哪裡還能辦得到呢？

，讓陳桓公明白鄭國並非軟弱無能。他親率大軍攻伐陳國，陳桓公倉惶應戰，結果被打得大敗。

後來史學家們評論說：「君子曰，善不可失，惡不可長，其桓公之謂矣。怙惡不悛，從自及也，雖曰救亡，其將能乎？」意思是說：做好事的機會一個也不能失去，做壞事的想法一刻也不能滋生，這就是針對陳桓公

釋義 怙：依靠、仗恃。悛：悔改。意為堅持作惡，不肯悔改。

反義 改邪歸正/幡然悔悟

造句 對於那些怙惡不悛的犯罪分子，一定要嚴懲不貸。

空前絕後

東晉時期，有一位著名的畫家名叫顧愷之。他畫人物從來不輕易點眼睛，有人問他為什麼，他說，人物的傳神之處，正在眼睛。正因為對人物傳神之處的掌握，他繪出的人物神態逼真，形象生動，被人們傳為佳話。

南北朝時期，也出了一位大畫家，他就是梁朝的張僧繇。他擅長畫山水和佛像人物，梁朝許多佛寺內的佛像、壁畫都是他奉梁武帝之命繪製的，唯妙唯肖。

到了唐朝，又出了一名更有成就的畫家，名叫吳道子。他的山水畫、佛像畫的造詣更深，筆法絕妙，有「吳帶當風」之稱。據說，他為唐玄宗畫巨幅的《嘉陵江圖》，竟然在一天之內就畫好了三百里山水。

後人在《宣和畫譜》裡評論他們三人的畫風時，這樣寫道：「顧愷之的成就超越前人，張僧繇的成就後人莫及，而吳道子的成就不但以前不曾有過，以後也不會再有。」可見「畫聖」吳道子還是技高一籌啊！

釋義 以前沒有過，以後也不會有。形容非常難得，獨一無二。

近義 前無古人，後無來者/舉世無雙

反義 繼往開來/承先啟後

造句 司馬遷所寫的《史記》一書，是中國歷史上空前絕後的一本紀傳體史書。

成語知識連結

在中國藝術史上，有三位藝術家被戴上「聖」的桂冠：一位是晉代王羲之，被譽為「書聖」，一位是唐代杜甫，被譽為「詩聖」；還有一位被譽為「畫聖」，那就是唐代的吳道子。吳道子性格豪爽，不拘小節，「每一揮毫，必須酣飲」，因此，經常是醉中作畫。用筆起伏變化，狀勢雄峻而疏放，表現了內在的精神力量。

空洞無物

東晉時期，有一位名臣，名叫周伯仁。他談吐不俗，幽默詼諧，不拘小節，滿朝文武都認為他胸襟開闊，雅量過人。

當時，在一些名士中間盛行一種「清談」的風氣，即不追求高官厚祿，只求飲酒作樂，淡泊明志；只注重個性的發揮，不在乎繁文縟節。周伯仁家中經常聚集一些喝酒閒談、不問時事的文人。有一次，丞相王導也來他家做客，他們兩人都出身於名門望族，又是好朋友，所以在言談舉止上都無所顧忌。兩人越談越投機，王導竟忘記了自己的丞

相身分，得意的側臥著身子，把頭枕在周伯仁的膝蓋上，還用手指著周伯仁凸起的肚子，說：「你這肚子裡裝著些什麼東西呢？」周伯仁先是一愣，既而挺了挺身子，摸了摸自己的肚子說：「我這裡面空空蕩蕩的，什麼東西也沒有。不過，像閣下這種人，倒還是能容得下幾百位呢！」

釋義 空空的，什麼也沒有。也形容文章、講話等沒有內容。

近義 言之無物

反義 字字珠璣

造句 你花了那麼多時間看這種空洞無物的文章，不覺得有點得不償失嗎？

成語知識連結

魏晉時期，社會上盛行「清談」之風。「清談」是相對於俗事之談而言的，也稱為「清言」。士族名流相聚，不談國事，不談民生，誰要是談及如何治理國家，如何強兵裕民，何人政績顯著，何人犯事被貶，便會被譏為專談俗事，是個俗人。因此，不談俗事，專談老莊、《周易》，就是「清談」。

居安思危

春秋時期，宋、齊等國聯合攻打鄭國。弱小的鄭國知道自己兵力不足，於是請晉國做中間人，希望宋、齊等國能夠放棄攻打鄭國的念頭。這些國家因為害怕得罪強大的晉國，於是紛紛決定退兵。

為了答謝晉國，鄭國國君就派人獻給晉國許多美女與貴重的珠寶。晉悼公十分高興，準備將其中的一半賞給大臣魏絳。他認為魏絳多年來為自己出謀畫策，功不可沒，理應受到獎賞。

可是正直的魏絳並沒有接受這分厚贈，反而勸晉悼公說：「現在晉國雖然很強大，但我們絕對不能因此而大意，因為人在安全的時候，一定要想到未來可能會發生的危險，這樣才會先做準備，以避免失敗和災禍的發生。」晉悼公聽完魏絳的話，知道他時時刻刻都牽掛國家與百姓的安危，從此對他更加敬重。

成語知識連結

魏絳，春秋中期晉國大夫，名將。魏絳先祖為庶人，因功被周武王封於畢，於是以畢為姓。後又因作戰有功，封於魏，遂又以魏為姓。晉文公時，魏氏列為大夫。魏絳的活動主要在晉悼公時期（西元前572～前 559 年），初任中軍司馬，執掌軍師。他不僅執法如山，嚴正方毅，而且善於帶兵打仗。《左傳》中有「魏絳多功」之評。

釋義 處在安定的環境時能想到可能會出現的危難。

近義 有備無患/未雨綢繆

反義 高枕無憂

造句 雖然身處和平時代，我們仍然要居安思危，做到有備無患。

孟母三遷

孟子是戰國時期著名的思想家。他三歲喪父，由母親撫養長大，孟母非常重視對孟子的教育。

孟家附近有一塊墓地，送葬的隊伍經常從他家門前走過。孟子經常模仿隊伍中吹鼓手和婦女啼哭的樣子，還不時到墓地上玩死人下葬的遊戲。孟母非常擔心，認為這裡的環境不利於他讀書，便把家遷到了城裡。

可是這裡地處鬧市，打鐵聲、殺豬聲、叫賣聲終日不斷。漸漸的，孟子又沉不下心來了，看書時總是東張西望，孟母便再次搬遷到城東的學宮對面居住。這裡的環境很好，書聲琅琅，孟子很快就安下心來讀書了。有時，他還向學堂裡張望，觀看裡面的學生是怎樣讀書，又是怎樣跟隨老師演習《周禮》的，回到家裡，也模仿起來。孟母看到孟子能夠專心學習了，非常高興。孟子進步很快，掌握了很多知識，最終成為很有名望的大思想家。

釋義 指為了讓子女受到良好的教育，尋找適合子女成長的環境。

造句 他從孟母三遷的故事中得到了啟發，努力為孩子營造一個好的學習環境。

成語知識連結

孟子是戰國時期偉大的儒家代表人物。他繼承並發揚孔子的思想，被尊稱為「亞聖」。從這個故事我們可以看出來，孟子的成才不是一朝一夕之功，是和他母親從小對他的教導分不開的。

項莊舞劍

秦朝末年，劉邦攻入咸陽後不久，項羽便率領四十萬大軍進駐鴻門。項羽聽說劉邦要在關中稱王，非常氣憤，發誓要攻進咸陽，打敗劉邦。劉邦在謀士張良的陪同下，到鴻門當面向項羽謝罪。項羽也就消除了疑慮，並設宴款待劉邦。

席間，項羽的謀士范增幾次示意項羽殺掉劉邦，以除後患，但項羽卻不予理會。范增沒

有辦法，就派項羽的堂兄項莊以舞劍助興為由，趁機刺殺劉邦。於是項莊持劍起舞，步步逼近劉邦。項羽的族叔項伯是張良故友，他看出項莊的意圖，便拔劍與項莊對舞，並以身體掩護劉邦，使項莊無從下手。張良看情勢危急，趕忙離席到軍營門口，請劉邦的部將樊噲前去救急。樊噲衝進營帳，頭髮直豎，怒視項羽，大聲指責他聽信小人讒言，企圖謀害有功之臣。項羽聽後無話可說，賜座位給他坐下。

隨後，劉邦以更衣為由，招呼樊噲等一同出去，乘機逃回了自己的軍營。

釋義 比喻說話和行動的真實意圖，另有所指。

近義 醉翁之意不在酒/別有用心

造句 他當眾稱讚小王如何如何好，其實是項莊舞劍，意在沛公，目的在於批評小黃。

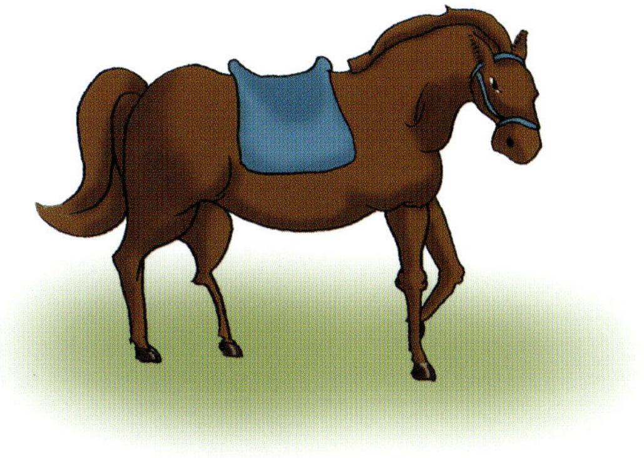

指鹿為馬

秦二世時，丞相趙高野心勃勃，日夜盤算著要篡奪皇位。可是他不知道朝中有多少大臣會聽他的。於是，他想了一個辦法，

準備測試一下自己在朝中的威信，同時也可以了解到敢於反對他的人有多少。

一天上朝時，趙高讓人牽來一頭鹿，對秦二世說：「陛下，我獻給您一頭好馬。」秦二世一看，大笑起來，對趙高說：「丞相搞錯了，這是一頭鹿，你怎麼說是馬呢？」趙高面不改色的說：「陛下，這的確是一匹千里馬。陛下如果不信我的話，可以問問諸位大臣。」

大臣們先是一愣，隨後就明白了他的用意。一些膽小的人都低下頭，不敢說話，因為說假話，對不起自己的良心，說真話又怕日後被趙高所害。有些正直的人，堅持認為是鹿而不是馬。還有一些平時與趙高沆瀣一氣的奸佞之徒，立刻附和趙高的說法，對皇上說：「這確是一匹千里馬！」

事後，趙高通過各種手段，把那些不順從自己的正直大臣，紛紛治罪，甚至滿門抄斬。

釋義 比喻顛倒黑白，混淆是非。

近義 顛倒黑白/混淆是非

反義 明辨是非

造句 他這明明是指鹿為馬，你們為什麼還要附和他？

按圖索驥

孫陽，春秋時秦國人。相傳他是中國古代最著名的相馬專家，一眼就能看出馬的好壞。因為伯樂是傳說中負責管理天馬的天神，所以人們就稱孫陽為「伯樂」。

據說，有一年孫陽從馬群最多的冀北原野經過，從此那裡的馬群裡就再也找不到好馬了，因為好馬都讓孫陽挑走了。孫陽還曾發現一匹拉鹽車的老馬是千里馬。

伯樂根據自己多年的相馬經驗，寫成《相馬經》一書。書中描述了各種千里馬的形態特徵，還配有插圖。

《相馬經》裡說，千里馬的主要特徵是高腦門、大眼睛、蹄子像摞起來的酒麴塊。伯樂的兒子從未相過馬，聽到這段話，以為自己可以去找千里馬了。他走出門不遠，發現一隻癩蛤蟆，高興的拎回家對父親說：「我找到了一匹好馬，也是高腦門，大眼睛，只是蹄子不太像摞起來的酒麴塊。」伯樂看了，又好氣又好笑的說：「這匹馬愛『跳』，沒辦法騎啊！」

釋義 照著圖像去尋找良馬。比喻做事死守教條而不懂得變通，也比喻依照一定的線索去尋找事物。

造句 這些盜賊留下了很多指紋，警方按圖索驥，很快就破了案。

成語知識連結

這個故事說明，我們不僅要注重學習理論知識，更重要的是累積實踐經驗。活學活用，把理論知識運用到實際操作中，才能取得大的成就。千萬不要讀死書，犯按圖索驥的笑話。

草菅人命

賈誼是西漢時期著名的文學家。他受漢文帝的委託，擔任梁王劉揖的老師。梁王是漢文帝最寵愛的兒子，漢文帝希望賈誼好好教導他，讓他多讀些書，將來有望繼承皇位。

賈誼就此發表了一番議論。他說：「輔導皇子，教他讀書固然很重要，但更重要的是教他怎樣做一個正直的人。如果像秦末趙高教導秦二世胡亥那樣，只教他如何施行嚴刑酷法，結果就會讓胡亥變得殺人成性。所以，胡亥一當上皇帝，就開始濫殺無辜。他不僅殺害了愛國名將蒙恬、蒙毅兄弟，還腰斬了丞相李斯，同時，讓許多宮妃和民工一起為始皇殉葬，把人命看得如野草一樣輕賤。難道這些

都是胡亥生來就有的本性嗎？他之所以這樣殘暴，最根本的原因在於教導他的人，沒有引導他走上正道。」

漢文帝和眾位大臣都認為賈誼所講的道理很深刻，很佩服他。賈誼做了梁王的老師後，悉心教導他讀書做人。可惜在一次騎馬射擊的練習中，梁王不小心摔下馬，死了。賈誼覺得沒有盡到老師的責任，不久抑鬱而死，享年三十三歲。

釋義 菅：一種多年生草本植物。視人命為草菅。指當權者亂殺無辜。

近義 荼毒生靈/視如草芥/濫殺無辜

造句 在專制社會裡，統治者草菅人命的悲劇屢見不鮮。

南轅北轍

從前有一個人，要從魏國到楚國去。他帶了很多盤纏，雇了上好的車馬，請了駕車技術精湛的車夫，就上路了。楚國在魏國的南面，但這個人不問青紅皂白，讓駕車人趕著馬車一直向北走去。

路上有人問他

要往哪兒去，他大聲回答說：「去楚國！」路人告訴他說：「到楚國應該向南方走，你卻往北走，方向不對。」那人滿不在乎的說：「沒關係，我的馬快著呢！」路人替他著急，拉住他的馬，阻止他說：「方向錯了，你的馬再快，也到不了楚國呀！」那人依然固執己見的說：「不要緊，我帶的路費多著呢！」

路人對他好言相勸：「雖說你路費多，可是你走的方向不對，路費再多也是白費呀！」那個一心只想著要到楚國去的人有些不耐煩的說：「這有什麼難的，我的車夫趕車的本領高著呢！」路人無奈，只好鬆開手，眼睜睜看著那個魏人繼續向北走去。

釋義 本要往南邊去卻駕車向北。後比喻行動和目的截然相反。

近義 背道而馳/反其道而行之

造句 你這樣做，分明就是南轅北轍，又怎麼可能達到目的呢？

成語知識連結

很多人在做事的時候，由於目標不明確或方向不清楚，盲目行動，往往造成了與目的相反的結果，就像戰國時期那位乘著馬車向北行的人，他的目標是向南行，結果卻越走越遠，永遠不能到達目的地。所以我們平時做事一定要明確目標，不能盲目瞎撞，否則只能是徒勞無功。

柳暗花明

陸游是南宋著名的愛國詩人。他的詩表達了抗金愛國的情懷，一度得到宋孝宗的賞識。他入朝當了軍器少監，但朝中的投降派百般排擠他，不斷上書皇帝，誣陷他終日賞花吟詩，不務正業。皇帝偏信讒言，就免去了陸游的職務。

陸游懷著滿腔的憤怒，回到老家紹興閒居。四月的一天，陸游獨自外出遊覽。他順著崎嶇的山路往前走，一邊走一邊欣賞著醉人的春色。他翻過一座又一座山，繞過一道又一道彎。走著走著，前面似乎到了盡頭，沒有路了，可是一拐彎，前面不遠處出現一座山谷。在紅花綠葉的掩映中，露出一個小村莊來。村子裡的人非常熱情的招待他，純樸的民風使陸游十分感動。他詩興大發，寫下了七言律詩《遊山西村》。其中有兩句是這樣

的：「山重水複疑無路，柳暗花明又一村。」既描繪了大自然的美景，又表達了詩人對未來寄予希望的心境。

釋義 形容綠樹成蔭、繁花似錦的景象，也比喻經過一番曲折後，出現新的局面。多指由逆境轉變為充滿希望、前途光明的順境。

反義 山窮水盡

造句 這次試驗中間出了點故障，但結果柳暗花明，獲得了成功。

背水一戰

秦朝末年，漢王劉邦採用了大將軍韓信的計策，攻取了關中地區（今陝西一帶），奠定向東出擊，同西楚霸王項羽爭奪天下的基礎。

西元前204年，韓信領兵東渡黃河，攻打趙王歇。井陘口（今河北獲鹿、井陘交界處一道極狹的山口）為其必經之路，趙王歇與大將陳余，結集部隊，堵守於此。韓信派出一部分人馬，故意背水結陣，引誘趙軍，另選出兩千輕騎兵走小路監視趙軍行動。兩軍開戰，韓信的主力部隊奮勇出擊

，背水結陣的部隊因無路可退，也返身猛撲。漢軍裡外夾擊，趙軍抵擋不住，四散奔逃，趙王被俘，陳余陣亡。

事後，將士們問韓信：「背水結陣乃兵家大忌，將軍為什麼明知故犯而結果還是大勝呢？」韓信回答說：「這也是兵法上有的啊！『置之死地而後生，投之亡地而後存。』背水結陣，把士兵們故意放在死地，他們才不得不拚命奮戰，以求生存。」

釋義 背水：背靠河水。指決一死戰。

近義 破釜沉舟

造句 事到如今看來已無其他的選擇，只有背水一戰了。

成語知識連結

韓信，淮陰人。早年家貧，靠吃閒飯，甚至乞討度日，曾受胯下之辱。秦末，先後在項梁、項羽軍中效力，不被重用。後離項羽轉投劉邦，由於蕭何力薦，任大將軍。楚漢戰爭中，他在夏陽指揮軍隊乘木罌渡河，生擒魏王豹。在井陘口，指揮軍隊背水一戰，大敗趙軍。楚漢垓下之戰，韓信以計謀引各路漢軍會師垓下，設下十面埋伏，擊敗項羽，逼使他自刎。韓信深諳兵法，戰功卓著，被劉邦稱為「人傑」。

臨渴掘井

春秋時期，魯國的君主魯昭公因為不善於治理國家，被人趕下了王位，於是到齊國避難。齊景公是位仁義的君主，他收留了魯昭公，並問他落難的原因。

魯昭公回答說：「我年紀輕，有很多人愛護我，我卻沒去珍惜；有很

多人規勸我，我卻沒有聽進他們的意見。漸漸的，那些愛護我、一心想幫助我的人都離我遠去了，身邊只留下一群奉承我的人，我聽不到一句真心話。」

齊景公認為魯昭公還年輕，現在認識到自己的錯誤，或許還能成為一個賢良的國君。於是就請宰相晏子談談對此事的看法。

晏子說：「不行。一個人已經掉在水裡了，才去尋找落水的原因，太晚了；如果他迷了路，才去向旁人問道，也嫌遲了。這就像危難臨頭了，才計畫去招兵買馬，負隅頑抗；喉嚨噎住了，才想到去挖井取水，潤喉去噎。這些危難即使你用最快的速度去解決，也已經來不及了。」

齊景公聽了晏子的話，覺得很有道理，一時沉默不言。

釋義 感到口渴才挖井。後比喻平時沒有準備，事到臨頭才想辦法。

近義 臨陣磨槍

反義 未雨綢繆/有備無患

造句 我們應該在旱期到來之前就做好防範準備，不要臨渴掘井；否則一旦造成損失，就難以彌補了。

狡兔三窟

春秋時期，齊國國相孟嘗君門下有個食客名叫馮諼，他足智多謀、聰明善辯，被孟嘗君派往薛地收債。出發前，馮諼問孟嘗君需要買點什麼東西回來，孟嘗君想了想，說：「你看我家缺什麼，就買什麼吧！」

馮諼到了薛地，見欠債者都是貧苦的農戶，立即以孟嘗君的名義宣布

債款一筆勾銷，將各戶的債務契約全部燒掉了，大家都非常感激孟嘗君。

馮諼返回後，孟嘗君問他買了什麼，馮諼說：「您財寶、馬匹、美女，應有盡有，我只替你買了『仁義』回來。」當孟嘗君知道馮諼以他的名義免除了薛地的債務之後，雖然非常生氣，卻也無可奈何。

後來，齊王聽信讒言，罷免了孟嘗君，孟嘗君只好退居薛地。薛地百姓聽說孟嘗君來了，扶老攜幼夾道歡迎。孟嘗君這才明白馮諼的苦心，連連道謝。馮諼說：「狡猾的兔子尚且有好幾個窩，您只有一個，怎麼夠呢？」於是多方活動，終於讓齊王恢復了孟嘗君的相位。

釋義 狡猾的兔子有好幾個窩。比喻預先做好藏身的地方或避禍準備。

造句 這群犯罪分子狡兔三窟，晝伏夜出，很難對付。

舉棋不定

春秋時期，衛國的國君衛獻公驕橫粗暴、濫殺無辜，朝中許多大臣敢怒不敢言。衛大夫寧惠子聯合孫文子等發動政變，將衛獻公趕下王位。衛獻公在國內無處安身，就流亡到了齊國。

趕走了衛獻公，寧惠子就立衛殤公為國君，自己把持朝政。臨死時，寧惠子覺得有點對不住衛獻公，就囑咐兒子寧悼子，讓他有機會就把衛獻公從國外接回來。

流亡在外的衛獻公聽說寧惠子死了，就積極活動，準備復位。他派人告訴寧悼子，自己回國後，不會管理朝政，只掌管一些宗廟、祭禮之類的事。寧悼子有些心動了，但是大臣們卻一再反對，認為衛獻公一旦復位，肯定會進行報復。有一位大臣說：「做事要保持前後一致，你父親驅逐了衛獻公，現在你又打算把他請回來，就像下棋一樣，舉棋不定肯定要失敗。對待國君的立廢問題，一定要慎重啊！」

寧悼子不聽勸告，一意孤行。結果衛獻公一回國，就把他殺了。

釋義 意為下棋的人，拿起棋子不知走哪一步好。後比喻做事猶豫不決。

近義 優柔寡斷/猶豫不決

反義 當機立斷

造句 性格果斷的人，即使遇到麻煩的事，也不會舉棋不定。

退避三舍

春秋時候，晉國發生內亂，晉公子重耳被迫流亡國外，經過千辛萬苦，來到楚國。楚成王認為重耳日後必有大作為，就以國君之禮相迎，待他如上賓。

一天，楚王設宴招待重耳。席間楚王問重耳：「你若有一天回晉國當上國君，該怎麼報答我呢？」重耳略一思索說：「大王身邊無數珍奇異寶、美女、侍從，還有什麼東西能讓您稀罕呢？要是託您的福，我果真能回國當政的話，願與貴國友好。假如有一天，晉楚之間發生戰爭，我一定命令軍隊先退避三舍（一舍等於三十里），如果還不能得到您的原諒，我再與您交戰。」

四年後，重耳真的回到晉國當了國君，他就是歷史上有名的晉文公，晉國在他的治理下日益強大。

西元前633年，楚國和晉國的軍隊在作戰時相遇。晉文公為了實現他許下的諾言，下令軍隊後退九十里，駐紮在城濮。楚軍見晉軍後退，以為對方害怕了，馬上追擊。晉軍利用楚軍驕傲輕敵的弱點，集中兵力，大破楚軍，取得了城濮之戰的勝利。

釋義 比喻主動退讓，不與之爭。

近義 甘拜下風

反義 當仁不讓

造句 面對這樣火爆的場面，我只好退避三舍，待大夥安靜下來再提出我的看法。

捕風捉影

西漢時期，漢成帝即位二十多年仍然沒有皇子。他非常著急，到處求醫問藥。後來聽方士（占卜的人）說，只要每天祭祀鬼神，求得保佑，就可以求得子嗣。於是漢成帝就經常沉迷於求神禱告之中，不理朝政。

大臣谷永見此，就向皇帝上書說

：「我聽說了解天地本性的人，神仙鬼怪是迷惑不了他的；懂得世上萬物根本的人，不會被行為不正的人蒙蔽。現在有些勢利小人，喜歡裝神弄鬼，招搖撞騙，說什麼吃了神仙不老藥，就可以像南山一樣長壽，聽了就像真的一樣。可是你若去接近它，卻虛無縹緲，好像抓輕風、捉影子一樣永遠得不到。所以古代賢明的君主都不聽信這些話，聖人們也絕對不說這種事。從古到今，也有許多帝王將相、高官顯貴去尋找仙境，可是尋了多少年，卻絲毫沒有結果。所以希望您不要讓那些行為不正的人影響了朝廷大事呀！」

漢成帝認為谷永說的話很有道理，便採納了他的意見。

釋義 原比喻事物像風和影子一樣難以捉摸。後來比喻說話或做事以虛無縹緲的跡象作為根據。

近義 無中生有

造句 這件事不過是某些人捕風捉影的猜想，你又何必太在意呢！

捉襟見肘

曾參是孔子最為得意的弟子之一。他在衛國生活的時候，艱苦樸素，穿的破破爛爛，吃的是殘羹剩飯，臉都浮腫了，手掌也長滿了老繭。可他依然自得其樂，一意追求自己的理想境界。

曾參經常一連幾天不生火做飯，十年之內沒有穿過一件新衣服。他戴的帽子太破舊，帶子只要稍微一拉就會斷；上衣都褪了色，又小又破，稍微一提衣領就露出了臂肘；鞋子磨得後跟都要裂開了。雖然很窮困，他卻一點也不憂愁，時常沿街高歌《商頌》。他的聲音洪亮，像金鐘發出的樂聲，充溢於天地之間。

曾參就這樣過著自由自在的生活。天子不能使他做臣子，諸侯不能和他交朋友。所以道家大師莊子說：「注意培養心志的人會忘掉形體，注意修身養性的人會忘記利祿，而致力於追求真理的人會忘掉心機。」

釋義 形容衣裳破舊。也比喻困難很多，應付不過來。

近義 顧此失彼

造句 他家現在算是步入了小康之境，那些捉襟見肘的日子，已經一去不復返了。

成語知識連結

曾參在七十歲時得了重病，臨死前猛然發現床上鋪的華美的竹席是季孫氏大夫送的，還未能更換下來，便呼喚大兒子曾元更換席子。曾元回答說：「父親的病重了，不可以更換！」曾參說：「你愛我，不如君子愛人，君子是以德愛人。你這樣姑息我，我還求什麼呢？」曾元聽了，知道父親是不願死在季孫氏大夫贈送的席子上，只好遵命更席。曾參起身尚未躺好，便嚥了氣。

脣亡齒寒

春秋時期，晉獻公想擴充自己的實力和地盤，就以鄰近的虢國經常侵犯晉國的邊境為藉口，要派兵滅掉虢國。可是在晉國和虢國之間隔著一個虞國，討伐虢國必須經過虞地。晉獻公詢問大臣如何才能順利通過虞國，大夫荀息說：「虞國國君是個目光短

淺、貪圖小利的人，只要我們送他價值連城的美玉和寶馬，向他借道，他不會不答應的。」晉獻公採納了荀息的計策。

虞國國君收到禮物，頓時心花怒放，滿口答應借道之事。虞國大夫宮之奇阻止說：「不行。虞國和虢國是脣齒相依的近鄰，我們兩個小國相互依存。萬一虢國滅亡，我們虞國也就難保了。俗話說：『脣亡齒寒』，沒有嘴脣，牙齒也保不住啊！借道給晉國萬萬使不得。」

但是虞公並沒有聽從宮之奇的勸告。宮之奇無可奈何，只好帶著一家老小離開虞國。果然，晉國軍隊在消滅了虢國，班師回朝經過虞國時，順便把虞國也滅了。

釋義 嘴脣沒有了，牙齒就會感到寒冷。比喻互相依存，關係密切。

近義 脣齒相依/息息相關

造句 國家和人民之間是脣亡齒寒的關係，國家滅亡了，那麼人民也猶如飄浮的樹葉一樣，無處安身。

逐鹿中原

韓信是漢王劉邦身邊的大將，跟隨劉邦征南戰北，立下了顯赫戰功。韓信的謀士蒯通見他力量已經夠大了，就勸他離開劉邦，另立山頭，自己稱王奪取天下，韓信一直不聽他的建議。

後來，劉邦聽說韓信要造反，就用計將韓信擒住，要以謀反的罪名殺

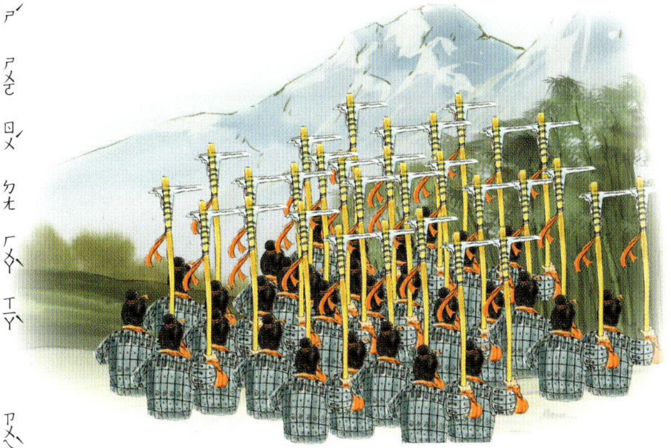

掉他。臨刑的時候，韓信嘆息說：「早知今日如此結局，不如當初聽了蒯通的話。」劉邦於是下令將蒯通抓來，也要治他的死罪。劉邦看著蒯通，說道：「你教韓信反叛我，是何居心？我今天不殺你，難服眾人！」

蒯通面無懼色，十分鎮靜的說道：「狗還為主人效力呢！何況是人！那時候我只知道韓信，並不知道您呀！再說，秦朝就像強弩之末的雄鹿，天下人都來追逐牠，都想得到牠，誰有本事牠就是誰的。那些因力量弱小而得不到牠的人，您盡可以憑藉自己的勢力來消滅他們呀！」

劉邦聽了蒯通的話，覺得很有道理，就釋放了他。

釋義 比喻群雄爭奪政權。

造句 漢代末年，豪傑逐鹿中原，歷時十多年，最後形成三國鼎立的局面。

乘人之危

東漢時期，漢陽郡的長史蓋勳為人正直，才華橫溢，被舉薦為孝廉。他和涼州刺史梁鵠是好朋友。當時武威太守橫行霸道，無惡不作，老百姓對他恨之入骨，敢怒不敢言。梁鵠的屬官蘇正和不畏強暴，依法查處武威太守的罪行。不料，這件案子牽扯到許多高層官員，梁鵠知道後，打算找好朋友蓋勳商量。

恰巧蓋勳和蘇正和歷來有仇，有人聞訊，勸蓋勳乘機除掉蘇正和。蓋勳聽了大怒，斷然拒絕說：「為了個人的私仇謀害忠良，是不義的表現；趁著別人危難的時候落井下石，是不仁的行為。我怎麼能做出這樣不仁不義的事情呢？」等到梁鵠來與他商議如何處置蘇正和的事情時，蓋勳說：「餵養鷹鳶，是要使牠凶猛，這樣才能為你捕獲獵物。如今牠已經很凶猛了，你卻要殺掉牠，既然如此，當初又何必養牠呢？」

梁鵠覺得蓋勳說得很有道理，就沒有殺掉蘇正和。

釋義 趁著別人有危難時去侵害或要挾。

近義 趁火打劫/落井下石

反義 拔刀相助/捨己為人/雪中送炭

造句 朋友有難，不僅不拔刀相助，反而乘人之危，落井下石，這種人實在是太卑鄙了。

乘風破浪

南北朝時期，有一位很有抱負的青年，名叫宗慤。他從小就有遠大的理想，練就了一身好武藝。

有一年春天，宗慤的哥哥結婚大喜，很多人都來慶賀。正當大家忙著操辦喜事，設宴款待賓客的時候，來了十幾個持刀搶劫的強盜。眾人驚慌失措，紛紛逃散。這時，宗慤獨自一人挺身而出，與十幾個強盜英勇搏鬥。憑著一身自幼練就的好武功，終於將強盜打跑了。他的叔叔宗少文看了非常讚嘆，對他說

：「你做得好！孩子，將來有什麼遠大志向啊？」

宗愨說：「願乘長風破萬里浪！」意思就是說，我要藉著自身有利的條件，衝破萬里波浪，去創造一番偉大的事業。

後來，宗愨果真成為當時有名的戰將，為朝廷打了不少勝仗，立下了汗馬功勞。皇上封他為左衛將軍，後又封為兆陽侯。

釋義 趁著順風，衝開浪頭。形容船行進速度很快，也比喻不怕艱難險阻，奮勇前進。

近義 高歌猛進/披荊斬棘

造句 中國南極考察船正乘風破浪，駛向長年冰雪覆蓋的南極大陸。

成語知識連結

志向、理想是指引一個人奮勇向前的動力。人的一生如果沒有遠大的志向和抱負，很難成就一番大事。特別是要從小學習一項技能，長大了才能利用它去創造更加美好的生活。小朋友們，你很羨慕宗愨少有壯志、長有所為的經歷吧！只要你有堅定不移的信心、決心和勇氣，相信你也會大有作為的！

膾炙人口

春秋時的曾參是個孝子。他的父親曾晰喜歡吃羊棗（一種野生小柿子，俗名牛奶柿）。曾晰死後，曾參竟不忍心再吃羊棗，此事被儒家傳為美談。

有一次，孟子的學生公孫丑就這件事向孟子提問：「膾炙（精美的肉食）和羊棗哪樣東西好吃？」孟子說：「當然是膾炙好

吃。」公孫丑說：「那麼曾參父子一定都愛吃膾炙了，可為什麼父親死後，曾參只戒羊棗，不戒膾炙呢？」

孟子回答說：「膾炙是大家都愛吃的，羊棗卻是曾晰的特殊嗜好，所以他死後，曾參會繼續吃膾炙而不吃羊棗。」

釋義 美味的食品人人愛吃。比喻好的詩文或事物為眾人所喜愛和傳誦。

近義 喜聞樂見/愛不釋手/交口稱譽

反義 平淡無味

造句 李白和杜甫的詩作膾炙人口，流傳至今依然受到人們的喜愛。

成語知識連結

膾，切得細細的魚肉；炙，烤肉。古代在飯菜的擺放上有嚴格規定，凡是陳設便餐，帶骨的菜餚放在左邊，切的純肉放在右邊。乾的食品靠左手方，酒、湯等在右手方。膾和炙放遠些，醋醬和蔥等佐料放在近處。

高山流水

春秋時期，有個叫俞伯牙的人，精通音律，琴藝高超，是當時著名的琴師。

一夜，伯牙乘船遊覽。面對清風明月，思緒萬千，於是就彈起琴來，琴聲悠揚，漸入佳境。忽聽岸上有人叫絕，伯牙聞聲走出船來，只見一位樵夫站在岸邊，他當即請樵夫上船，興致勃勃的為他演奏。伯牙彈起讚美高山的曲調，樵夫說道：「真好！雄偉而莊重，好像高聳入雲的泰山一樣！」當他彈奏表現出奔騰澎湃的波濤時，樵夫又說：「真好！寬廣浩蕩，好像看見滾滾的海浪、無邊的大海一般！」伯牙興奮極了，激動的說：「你真是我的知音啊！」這個樵夫就是鍾子期，從此兩人成了非常要好的朋友。

釋義 比喻知音難覓或樂曲高妙。

近義 陽春白雪

反義 下里巴人

造句 他演奏的鋼琴曲美妙動聽，觀眾亦善解音律，真是高山流水，得遇知音。

成語知識連結

後來，當俞伯牙聽到鍾子期去世的消息，悲痛欲絕。他來到鍾子期的墓前彈奏了一首悼念的曲子，便將自己的琴砸碎於墓前。從此，俞伯牙就再也不彈琴了。

病入膏肓

春秋時期，晉景公得了重病。聽說秦國有一位醫術很高明的醫生，他便派人專程去請他求治。

醫生還沒到，晉景公恍惚中做了個夢，夢見兩個小孩，正悄悄的在他身旁說話。一個說：「那個高明的醫生馬上就要來了，我看我們這回劫難逃了，我們躲到什麼地方去呢？」另一個小孩說道：「這沒什麼可怕的，我們躲到肓的上面，膏的下面，無論他怎樣用藥，都奈何我們不得。」

不一會兒，秦國的名醫到了。看完病後，醫生對晉景公說：「這病已

經沒辦法治了：疾病在肓之上，膏之下，用灸法攻治不行，扎針又達不到，吃湯藥其效力也達不到。這病實在沒辦法治啦！」

晉景公聽了，心想醫生所說，果然驗證了自己的夢，便點了點頭說：「你的醫術真高明啊！」說畢，叫人送了一份厚禮給醫生，讓他回秦國去了。不久，晉景公就病死了。

釋義 中國古代醫學將心尖脂肪叫膏，將心臟與膈膜之間叫肓，認為是藥力達不到的地方。指疾病已到了不可救藥的地步。也比喻情況嚴重，無法挽回。

近義 命在旦夕/無可救藥

造句 他已經病入膏肓，即便有再好的藥物，恐怕也難以救治了。

兼聽則明

魏徵是中國歷史上的名人，在唐太宗時，曾任諫議大夫。他學識淵博，並且敢於向皇帝直言勸諫並提出各種建議，在朝廷中威信很高，唐太宗對他十分的尊重。

一天，唐太宗問魏徵：「我作為一國之君，要怎樣才能明辨是非，不受蒙蔽呢？」魏徵回答說：「作為國君，只聽一面之詞就會糊裡糊塗，常常會做出錯誤的判斷。只有廣泛的聽取意見，得出正確的結論，才不至於被欺騙而把事情辨錯。」

接著魏徵又列舉了歷史上的許多事件，以此來證明偏聽或偏信奸臣小人的話而導致的嚴重後果。他說：「秦二世偏信趙高的話，而招來瞭望夷之禍；梁武帝偏信朱異的話，而自取台城之辱；隋煬帝偏信虞世基的話，而導致彭城閣之變。相反，如果多了解一些情況，多聽取一些意見，就可以避免或防止一些災禍的發生。」

唐太宗聽了魏徵的話，心裡豁然開朗。

釋義 聽取多方面意見，全面了解情況，就能明辨是非，做出正確判斷。

造句 正所謂兼聽則明，偏信則暗。對這件事你最好從多方面聽取意見後，再下結論。

成語知識連結

魏徵去世後，唐太宗悲痛的說：「用銅做鏡子，可以看出衣帽穿著是否整齊；用歷史做鏡子，可以明白各個朝代為什麼興起和沒落；用人做鏡子，可以清楚自己與別人的差距和得失。今天魏徵不在了，我真是失掉了一面好鏡子啊！」

賓至如歸

西元前542年，鄭國大夫子產奉鄭簡公之命出訪晉國，帶去許多禮物。當時，正遇上魯襄公逝世，晉平公藉口為魯國國喪致哀，沒有迎接鄭國使者。子產就命令隨行人員把晉國驛館的圍牆拆掉，以利馬車進入，安放物品。

晉平公得知這一消息，便派大夫士文伯前去處理。士文伯見了子產，詢問他拆掉城牆、闖入驛館，到底是何居心？

子產回答說：「我們鄭國是小國，需要向大國進獻貢品。這一次我們帶了從本國搜羅來的財物前來朝會，偏偏遇上你們的國君沒有空，既見不到，也不知道晉見日期。我聽說過去晉文公做盟主的時候，自己住的宮室是低小的，接待諸侯的驛館卻造得又高又大。賓客到達的時候，樣樣事情有人照應，很快就能獻上禮品。賓客來到這裡就像回到自己家裡一樣。而你們現在的做法太讓人失望了。」

士文伯把情況報告給晉平公，晉平公感到慚愧，馬上接見子產，隆重的宴請他，給了豐厚的回贈，並下令重新建造賓館。

釋義 客人到了就像回到家裡一樣。形容主人待客熱情、周到。

造句 這家餐廳服務上乘，讓人有賓至如歸的感覺。

談虎色變

北宋時，有兩位非常著名的理學家，他們是兄弟，哥哥叫程顥，弟弟叫程頤。

程顥、程頤兄弟兩人雖然平生致力於研究事物原理的大學問，但他們一時一刻也不忽視實踐。程頤在談到實踐出真知這一問題時，曾講過一個非常生動的故事：「老虎能傷人，這是連三歲小孩子都知道的事情。但是，人們聚在一起談話時經常說到虎，卻沒有誰覺得害怕

。有一位農夫曾經被老虎咬傷過，只要聽到有人說到老虎，他就會嚇得膽顫心驚。這是為什麼呢？原因是這位農夫真正體驗過老虎的厲害和被老虎傷害時的危險。」

說到這裡，程頤又將故事引申說：「做學問，無非講的是治國安民、利國利民的道理，但如果一味的高高在上，而不深入實際去體察民情，無論如何也治理不好國家。這個道理是顯而易見的，但真正做起來卻不那麼容易！」

釋義 比喻一提起可怕的事情，臉色就變了。

近義 一朝被蛇咬，十年怕井繩

造句 他自從炒股票虧了一大筆錢後，每次有人提及股票，他都會談虎色變似的把話題岔開。

成語知識連結

程顥和程頤一生留下了豐富的著述，都被後人收入《二程全書》中。他們的學說被後人稱之為「理學」，南宋時朱熹的學說則被稱為「道學」。由於兩家有共同的思想淵源，都是闡發、弘揚孔孟的儒家學說，於是在習慣上，人們便將他們兩家的學說統稱為「程朱理學」。

掩耳盜鈴

春秋時候，晉國貴族智伯滅掉了范氏。有小偷趁機跑到范氏家裡想偷點東西，看見院子裡吊著一口大鐘。鐘是用上等青銅鑄成的，造型和圖案都很精美。小偷心裡高興極了，想把這口精美的大鐘背回家去。可是鐘又大又重，怎麼也挪不動。他想來想去，只有一個辦法，那就是把鐘敲碎，然後再分塊搬回家。

小偷找來一把大鐵錘，拚命朝鐘砸去，一聲巨響，把他嚇了一大跳。小偷心想這下糟了，這不就等於是告訴人們我正在這裡偷鐘嗎？他非常害怕，不由自主的用雙手使勁捂住自己的耳朵。「咦，鐘聲變小了，聽不見了！」小偷高興起來，「妙極了！把耳朵捂住不就聽不到鐘聲了嗎！」

他立刻找來兩個布團，把耳朵塞住，心想，這下誰也聽不見鐘聲。於是他就放手砸起鐘來，一下又一下，鐘聲響亮的傳到很遠的地方。人們聽到鐘聲後蜂擁而至，把小偷捉住了。

釋義 比喻自欺欺人

近義 文過飾非

造句 菲菲不想讓老師知道她溜出幼稚園，就把自己的眼睛蒙起來，她不知道這是掩耳盜鈴嗎？

成語知識連結

這個故事出自《呂氏春秋》。《呂氏春秋》又名《呂覽》，是戰國秦相呂不韋集合門客編寫而成。全書共二十六卷，分十二紀、八覽、六論。以儒、道家思想為基礎，集合了各家之學說，是中國漢代以前政治、軍事、哲學思想的集大成者。當初，《呂氏春秋》寫成之後，呂不韋命人在咸陽的城門上張貼榜公告，說若有人能改動書中的一個字，賞金一千金，結果無一人能改。「一字千金」即由此而來。

懸梁刺股

東漢時候，有位年輕人名叫孫敬。他年輕時勤奮好學，閉門讀書，常常廢寢忘食。有時候太疲倦了，坐在桌前直打瞌睡。他怕影響自己的學習，想出了一個特別的辦法。因為古時候男子的頭髮很長，他就找來一條繩子，一頭綁在頭髮上，一頭牢牢的綁在房梁上。當他讀書疲勞打盹時，頭一低，繩子就會牽住頭髮，把頭皮扯痛，他就會變得清醒，再繼續讀書學習。後來，他終於成了一位很有學問的人。

戰國時期，有一位有名的政治家叫蘇秦。蘇秦在年輕時，由於學問不多，曾到好多地方做事，都不受重視。於是他下定決心，發奮讀書。他常常讀書到深夜，很疲倦，常打盹。他也想出一個方法，準備了一把錐子，一打瞌睡，就用錐子往自己的大腿上刺一下。這樣，猛然間感到疼痛，使自己清醒起來，再繼續讀書。

後人就從他們兩個人讀書的故事引申出「懸梁刺股」這句成語，用來比喻發奮讀書、刻苦學習的精神。

釋義 形容讀書學習發憤刻苦。

近義 囊螢映雪/鑿壁偷光

造句 經過懸梁刺股般的苦讀，他終於有所成就。

趾高氣揚

春秋時期，楚國有位大將，叫屈瑕。屈瑕是個驕傲自大的人。

楚武王派屈瑕帶兵攻打羅國。大夫鬥伯比為屈瑕送行。他看到屈瑕盛氣凌人、不可一世的樣子很不放心，就對身邊的人說：「屈瑕這次肯定要吃敗仗，你看他那副神氣的樣子，走路時把腳抬得高高的，根本沒有把敵人放在心上。」

鬥伯比把屈瑕的行為、態度告訴楚武王，要他派兵援助屈瑕，武王不以為然。

回去後，武王把鬥伯比的勸諫告訴王后鄧曼。鄧曼說：「我看鬥伯比不是讓大王派兵增援，而是反映屈瑕居功自傲、輕視羅國的態度。大王應告誡屈瑕才是。」

武王恍然大悟，連忙派人去追趕屈瑕，可是已經晚了。楚軍全軍覆沒，屈瑕一個人跑到山谷裡自殺了。

釋義 走路時腳抬得很高，十分神氣。形容驕傲自滿，得意忘形。

近義 耀武揚威/不可一世/目空一切

反義 垂頭喪氣/無精打采

造句 他仗著父親是朝中大臣，總是趾高氣揚，誰都不放在眼裡。

庸人自擾

唐朝時有一位監察御史，名叫陸象先。他為人寬厚，才學很高，辦事幹練，敢於直言。後來因為觸怒了唐睿宗，就被貶到了益州任都督府長史。他認為對於犯罪的人，不宜用刑罰，因為老百姓的事情關鍵在於治理，治理好了，他們就會服從，沒有必要用嚴刑酷法來樹立自己的威信。

有一次，一位小官吏犯了罪，陸象先只是訓誡了他一番。他的屬下認為這樣處理太輕了，應該用棍子重打一頓，讓他以後不敢重犯。陸象先說：「人都是有感情的，我責備了他，難道他不會理解我的話嗎？他是你的下屬，他犯了罪，難道你就沒有責任嗎？如果一定要用刑的話，那就從你

開始好了。」屬下一聽，滿臉羞愧的退下去了。

後來，陸象先對他的屬下們講：「天下本來沒有什麼了不起的大事，只是有一些見識淺陋、平庸無能之輩自找麻煩，結果把本來比較簡單的事情辦糟了。」

幾年過去了，益州地區的治安果然越來越好，百姓們安居樂業，很少有人違法亂紀。

釋義 指本來沒事，平庸的人自己惹事找麻煩。

近義 杞人憂天/無事生非

造句 天天擔心世界末日即將來臨的人實在是庸人自擾，我們應該開開心心的享受生活的每一天。

鹿死誰手

東晉時期，邊疆少數民族經常到中原地區打殺擄掠，威脅著漢族的統治。

羯族人石勒，原是一個奴隸，後來投奔到前趙劉淵手下任大將。他的勢力不斷壯大，後來滅掉前趙，建立後趙，占領了中國北方很多土地，成為少數民族中最強大的一股勢力。

有一次，在宴請文臣武將的聚會上，石勒乘著酒興，問大臣徐光：「你看我的功德可與歷史上哪位帝王相比呀？」徐光趁機恭維他說：「陛下的功德超過漢高祖劉邦，至於他以後的帝王，沒有一位可比的啊！」石勒笑笑說：「人哪有不知自己的，你也太誇獎我了。若是遇到漢高祖，我自認不如他厲害，也一定臣服於他，並與他的大將韓信、彭越一樣，一心為他效力；若是遇到光武帝劉秀，我一定要和他在中原一比高低，到那時還不知鹿死誰手，政權到底落在誰的手裡呢！」

釋義 鹿：獵取的對象，比喻政權。是指誰能取得政權或誰能獲得最後的勝利。

造句 參加決賽的兩個球隊實力不相上下，看來這次究竟會鹿死誰手，尚難預料。

望洋興嘆

相傳很久以前，黃河裡有一位河神，人們叫他河伯。河伯望著滾滾的波濤由西而來，又奔騰跳躍向東流去，興奮的說：「黃河真大呀，世上沒有哪條河能和它相比。我就是最大的水神！」

秋天到了，連日的暴雨使大大小

小的河流都注入了黃河。黃河的河面更加寬闊了，隔河望去，對岸的牛馬都分不清。河伯更加得意了，以為天下最壯觀的景色都在自己這裡。他在自得之餘，決定順流而下，看看黃河究竟有多大。

河伯順流來到黃河的入海口，放眼望去，只見大海汪洋一片，無邊無涯。他呆呆的看了一會兒，深有感觸的說：「俗話說，只懂得一些道理就以為誰都比不上自己，這話說的就是我呀。今天要不是親眼見到這浩瀚無邊的北海，我還會以為黃河是天下最大的呢！那樣，豈不被有見識的人永遠笑話？」

釋義 指在偉大的事物面前感嘆自己的渺小。也比喻做事時因力不勝任或沒有條件而感到無可奈何。

近義 仰天長嘆/無可奈何

造句 面對現代科技的迅速發展，我們不該望洋興嘆，而應奮發學習，掌握本領。

成語知識連結

　　這個故事出自《莊子》。莊子是戰國時的隱士，宋國蒙（今河南商丘)人。今本《莊子》三十三篇，分三部分，其中內篇七、外篇十五、雜篇十一，是晉人郭象的定本。《莊子》藉寓言的形式來表達自己的哲學見解，創造了許多優美動人的故事，書中思想接近《老子》，是道家重要經典之一。到唐代，《莊子》被尊稱為《南華真經》。

望梅止渴

三國時期，曹操領兵去打仗。當時正值酷暑，士兵們口乾舌燥，可是附近卻沒有任何水源，身上攜帶的水也早已喝光。將士們又熱又渴，情緒低落，無精打采。

曹操看在眼裡，急在心上。他想，如果在此地久留，肯定有許多人無法堅持下去。應該趕快擺脫困境，走出荒原。他忽然靈機一動，站在高坡上向將士們喊：「有水啦！」將士們精神一振，紛紛詢問道：「水在哪裡呀？」

曹操指著前面說：「前方不遠處有一大片梅林，那兒的梅子馬上就要熟透了，又酸又甜，可以解渴提神，大家趕快往前趕路吧！」

他的話果然奏效，將士們聽說前面有又紅又大的梅子吃，馬上聯想到梅子的酸味，一個個口中生津，暫時忘記了口渴。

曹操趁此機會趕緊整頓隊伍，繼續前進，終於帶領大軍走出了荒原。

釋義 比喻用空想或空話等來安慰自己或別人。

近義 畫餅充饑

造句 我們要依靠自己的力量取得好成績，若把希望都寄託在別人身上，無異是望梅止渴。

涸澤而漁

春秋時期，許多諸侯國懾於楚國的強大，紛紛依附於它，只有宋國不肯親楚，反而投靠了晉國。楚國一氣之下發兵攻打宋國，宋國向晉國求援，晉楚戰爭爆發。

當時晉國的勢力還沒有楚國那樣強大。面對強敵，如何才能打勝這場戰爭呢？晉文公就去問謀士狐偃。狐偃說：「講究禮節的人不厭煩瑣，善於打仗的人不厭欺詐，大王就用欺詐的辦法吧！」晉文公百思不解，就把這個計謀告訴了另外一位謀士雍季。雍季聽了之後，說：「有人為了捉魚把池塘裡的水都抽乾了，魚是捉到了，但以後就無魚可捉了；有人想捕野獸，就把山上的樹都燒光了，野獸是捕到了，明年就無野獸可捕了。欺詐的計策也是這樣，偶然用一次也許會成功，可是以後再用就不靈了，這不是長遠的良策。」

後來，晉文公利用欺詐之計取得晉楚之戰的勝利。按理應該重賞狐偃，可是他卻重賞了雍季。

釋義 排盡湖中或池中的水捕魚。比喻只顧眼前之利，不做長遠打算。

近義 殺雞取卵

造句 商紂王對人民的敲詐勒索已到了涸澤而漁的地步。

驚弓之鳥

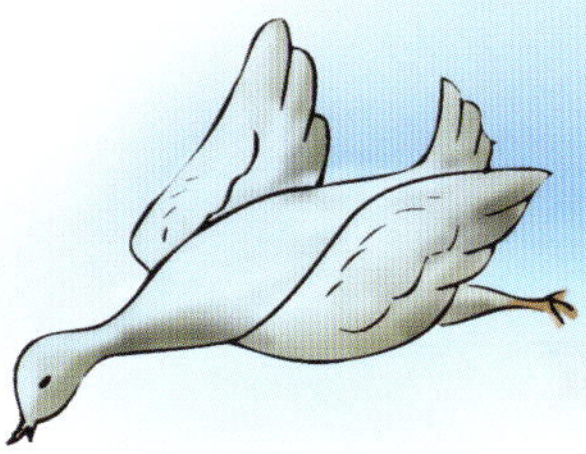

戰國時期，魏國有一位有名的射箭能手叫更羸。有一天，更羸跟隨魏王到郊外遊玩，忽然看見一隻大雁正慢慢的飛過。

更羸對魏王說：「大王，我可以不用箭，只把弓拉一下，就能把天上那隻大雁射下來。」「會有這樣的事？」魏王有點不相信。於是更羸左手托弓，右手拉弦，弦上並不搭箭，只聽得「當」的一聲響，那隻飛著的大雁便應聲從半空中掉了下來。

魏王看到後大吃一驚，問是怎麼回事？更羸笑著說：「這是一隻受過箭傷的大雁。」「你是怎麼知道這隻大雁是受過箭傷的呢？」魏王更加奇怪了。更羸回答說：「從這隻大雁飛的姿勢和叫的聲音中知道的。這隻大雁飛得慢是牠身上的箭傷在作痛，叫的聲音很悲慘是因為牠離開同伴已很久了。舊的傷口在作痛，還沒有好，牠心裡很害怕。當聽到弓弦聲響後，更害怕再次被箭射中，於是就拚命往高處飛。牠心裡本來就緊張，加上拚命使勁，本來未癒的傷口又裂開了，疼痛難忍，就從空中掉了下來。」

釋義 指受過箭傷，聞弓弦聲而驚墮的鳥。比喻受過驚嚇，遇有事情就害怕驚慌的人。

近義 心有餘悸/驚魂未定

反義 鎮定自若/泰然處之

造句 他自從上次遭劫後，就如驚弓之鳥，再也不敢深夜獨行了。

騎虎難下

晉朝時期，鎮守曆陽的將領蘇峻和祖約以誅殺朝廷奸臣為由，率領軍隊進入都城建康，把持了朝中大權。

江州刺史溫嶠聽說叛軍在都城作亂，立刻挺身而出，擁戴征西大將軍陶侃為盟主，起兵討伐叛軍。由於叛軍人多勢眾，陶侃接連吃了敗仗，有些沉不住氣了，開始埋怨溫嶠高估了自己的實力。溫嶠說：「戰勝叛軍的關鍵在於隊伍的團結，而不能是一盤散沙。當年劉秀救昆陽，曹操戰官渡，不都是團結一致，以少勝多的典範嗎？叛軍只憑一時氣盛攻占了都城，他們利慾薰心，是一群烏合之眾，只要我們團結努力，就一定能戰勝他們。現在國難當頭，我們仗義討伐叛軍，順人心，合民意，絕不能後退。這就好比騎在老虎身上，如果不把牠打死，怎麼能半途從牠身上跳下呢？」

陶侃聽了溫嶠的話，覺得很有道理，就重新樹立了作戰信心。他和溫嶠仔細商議對策，從水陸兩路進攻，終於打敗了叛軍。

釋義 騎在虎背上難以下來。比喻事情遇到困難，迫於形勢不能中止，陷入進退兩難的境地。

近義 左右為難/進退維谷

反義 左右逢源

造句 這件事搞到這種地步倒有些騎虎難下了，索性順勢而為，車到山前自有路吧！

趨炎附勢

宋真宗時期，宰相丁謂靠阿諛奉承深得皇帝歡心。他依仗權勢，排擠所有跟自己作對的人，朝中許多官員為了免遭迫害，都去巴結討好他。

當時有一名正直的官員，名叫李垂。他才華出眾，秉性耿直，對奉迎拍馬的人非常反感，所以一直得不到重用。有人勸他拜謁丁謂，李垂回答：「丁謂身為宰相，不去秉公辦事，反而仗勢欺人，有負於朝廷對他的重託和百姓對他的期望。這樣的人我為什麼要去拜謁他呢？」

這話傳到丁謂耳朵裡，他非常惱火，藉故把李垂貶到外地去了。後來宋仁宗即位，丁謂因犯法被貶，李垂又被召回京都。又有一些朋友對他說：「你很有才學，大臣們都想保舉你擔任重職，但新任宰相那裡你應該去拜謁一下！」

李垂說：「如果三十年前我去拜謁丁

謂，早就當上翰林了，現在年紀這麼大了，怎麼能再去趨炎附勢呢？」這句話被新任宰相知道了，就把李垂又一次貶出京城。

釋義 指投靠、依附有權勢的人。含貶義。

近義 攀龍附鳳/奴顏媚骨

造句 他是個趨炎附勢的小人，誰發達就拍誰的馬屁，我們都不願理睬他。

成語知識連結

為了追求榮華富貴，依附於有權有勢的人，這種人就是趨炎附勢的小人。他們看到的是金錢和權勢，不是正氣和道義，所做的事情也是骯髒的。做人要堂堂正正，這是做人最基本的品德修養。

鑿壁偷光

漢朝時，有一位叫匡衡的人。小的時候，家裡很窮，他沒錢讀書，也沒錢買書。同鄉有個富翁家中藏書很豐富。匡衡就去他家做工，卻不收分文工錢。富翁感到很奇怪，問匡衡這是為什麼。匡衡說：「我不想要工錢，只希望您能把家中的書都借給我讀，我就心滿意足了。」富翁聽了，深受感動，就答應了他的請求。從此，匡衡就有書讀了。

他白天要做活，晚上才有時間讀書。可是他家裡卻窮的連燈燭也點不起。鄰家燈燭明亮，卻又照不過來。匡衡就想出個法子

，在挨著鄰家的牆上鑿穿一個洞，「偷」一點光亮，讓鄰家的燈光照射過來。他就捧著書本，在洞前映著微光讀書，終於成為一位學問淵博的學者。

釋義 指勤奮學習。

近義 囊螢映雪/懸梁刺股

造句 古人鑿壁偷光的苦讀故事，在今天對我們仍有深遠的教育意義。

量體裁衣

南北朝時期，齊國有名叫張融的人。他在青年時期就很有才能，後來當了朝廷的大官，對皇帝忠心耿耿。他足智多謀，手腕高明，深得齊太祖蕭道成的器重和賞識。

有一次，皇上下詔給張融送去一

件衣服，詔書上寫道：「現送一件我曾經穿過的舊衣服給你，雖然舊了一點，但是穿上會比新的還要好，那是因為我已經叫裁縫按照你的身材大小修改好了，你穿上一定會感覺很合適的。」

張融收到衣服和詔書後，非常感激。他想，皇上無微不至的關懷自己，如果不盡心盡力為國家辦事，那可真是愧對良心了。於是，張融對齊太祖更加忠心了。

釋義 按身材裁剪衣服。也比喻按實際情況辦事。

近義 因地制宜

反義 削足適履

造句 無論做什麼事，都應該量體裁衣，而不能不顧客觀條件盲目行動。

程門立雪

程顥、程頤兄弟都是宋代著名的理學家，非常有學問。當時有一位進士楊時為了豐富自己的學問，掌握更多的知識，毅然放棄了高官厚祿，去拜程顥為師，虛心求教。後來程顥去世了，他仍然立志求學，轉拜程顥的弟弟程頤為師，繼續刻苦鑽研。

有一天，楊時和朋友遊酢一起去程家拜見程頤。當他們到達老師家門口的時候，正遇上老師在休息。儘管他們求師心切，但為了不打攪老師的休息，他們就恭敬的站在外面等候。這時候，天氣寒冷，漫天大雪飄飄灑灑的下了起來。等了大半天，程頤才醒過來。看到他們站在半尺深的雪地中，不由得大吃一驚，趕緊說道：「你們倆什麼時候來的，凍壞了吧？快進屋來！」

這時候，楊時和遊酢才發現，他們已經被大雪埋住，雙手和雙腳幾乎凍僵了。

後來，楊時成為宋代著名的哲學家和教育家。

釋義 指尊師重道。

造句 正因為他有程門立雪的精神，所以才取得了如此大的成就。

成語知識連結

楊時和遊酢不負重望，終於學到了老師程頤的全部學問。程頤送他們學成南下時，曾欣慰的說：「吾道南矣！」意思是我的學問道理可以傳播到南方去了。後來楊時和遊酢都在武夷山傳道，楊時建立自己的獨家學派，世稱「龜山先生」。

集思廣益

三國時期，蜀相諸葛亮不負劉備重託，鞠躬盡瘁的治理國事，許多大臣都很敬佩他。

當時，丞相府裡有一位辦理文書的楊主簿，對諸葛亮天天不辭勞苦、事事都要親自辦理或親自過問的作法提出了意見。他說：「上、下級之間已有明確的分工，您不必每一件事都親自去處理，讓下屬們去做就可以了。您只要抓住重點，進行宏觀管理就行了。」

諸葛亮知道楊主簿的好意，但自感責任重大，有許多事情不敢怠慢，自己能多做一點就多做一點，因此依然事事親力親為。後來楊主簿病死，諸葛亮非常難過。為了鼓勵下屬參與政事，諸葛亮親自著文下令：「凡丞相府裡的大小官吏，只要是拿國家俸祿的，都要獻計獻策，參與政事。

這是為了集中大家的智慧，廣納各方有益的建議，致使順利推動各項國家政事。」

政令一出，大家紛紛提出意見，政令也執行的很順利。

釋義 指集中眾人的智慧，可以收到更好的效果。

近義 群策群力

反義 一意孤行

造句 許多高科技產品，都是集思廣益的結晶。

懲前毖後

周武王滅商後第二年，因積勞成疾，不久便撒手人寰。他年幼的兒子姬誦繼位，即周成王。周公旦（周武王的弟弟）決定以國家利益為重，出面代行天子之職，替成王攝政。此舉引起管叔和蔡叔（周武王的堂兄弟）的猜忌，他們牢騷滿腹，四處造謠，許多人信以為真，連年少的成王也對周公旦的所作所為產生了懷疑。

管叔、蔡叔和武庚（商紂王之子）同流合汙，舉旗反叛，發動了中國歷史上有名的「管蔡之亂」。周公經過三年苦戰，終於贏得了勝利。武庚

在戰爭中被打死，管叔被誅殺，蔡叔被流放到人煙稀少的蠻荒地區。

大軍回師那天，周成王親自到城外去迎接周公，滿臉歉疚的說：「予其懲前而毖後患。」意思是說，我一定要吸取以前犯過的錯誤，以後行為謹慎，避免錯誤再次發生。

釋義 指將以前的錯誤作為教訓，以後謹慎小心，避免重犯。

近義 前車之鑒/前事不忘，後事之師

反義 重蹈覆轍

造句 我們要從過去的錯誤中吸取教訓，懲前毖後。

道聽塗說

戰國時期，齊國有一位著名的學者，名叫艾子。一次他從楚國歸來，碰見一位叫毛空的人對他說：「我聽說有一戶人家的鴨子一次生了一百個蛋。」艾子說：「這怎麼可能呢？」毛空想了想又改口說：「不是一隻，是兩隻鴨子生的。」「那也不可能啊。」艾子還是不相信。毛空又改口說：「那肯定是三隻鴨子生的蛋。」艾子還是不信。他就把鴨子的數量增加到十幾隻，可是艾子根本不信他這一套。

毛空又說：「上個月天上掉下一塊肉，這肉有三十丈長，十丈寬。」艾子說：「那是什麼肉呢，竟然這麼大？」毛空一看艾子不信，忙改口說：「可能是十丈長吧。」

艾子見毛空說話不著邊際，就問

道：「你說的天上掉下大塊肉，還有鴨子下那麼多蛋的事，是聽誰說的，你看到了嗎？」毛空說：「我也是聽別人說的。」

艾子聽了，對身邊的學生說：「你們以後判斷事情可不能道聽塗說啊！沒有事實依據，任何人都不會相信你的話的！」

釋義 在路上聽來的話，又在路上向人傳播。指沒有根據的傳言。

反義 言之鑿鑿

造句 我剛說的這消息非常可靠，並不是道聽塗說，請你務必認真對待。

強弩之末

西漢末年，匈奴與漢朝之間經常發生戰爭，老百姓過著惶恐不安、飢寒交迫的日子。

為了平息戰爭，匈奴派使臣到漢朝和親。漢武帝一時拿不定主意，便召集眾大臣商議。有些人不同意和親，主張起兵攻打匈奴。有些人保持沉默，不說一語。只有御史大夫韓安國不同意發兵，他說：「派大軍到千里之外作戰，一定不會有好的結果。現在匈奴兵馬充足，行動起來迅疾如飛，很難使他們臣服。我們即使得到了匈奴的土地，也不能擴大多少疆土；即使得到了匈奴的

百姓，也不能增強我們的力量。這就像強弓射出的箭，儘管射到了目的地，但力量已經盡失，甚至連極薄的絲綢都穿不透了。這不是說它本身沒有力量，而是因為到了最後，力量衰竭了。所以，明智之舉是與匈奴和親，安定雙方的人心，加強睦鄰友好關係，互不侵擾。」

漢武帝和眾位大臣聽後，覺得很有道理，便同意與匈奴和親。

釋義 意為強弩射出的箭，到了末程，連魯縞都穿不過。比喻原本強大的力量已衰退，起不了作用。

反義 勢不可擋/所向披靡/所向無敵

造句 你別看他那麼神氣，其實他已是強弩之末，構不成重大威脅了。

緣木求魚

戰國時期，一次齊宣王和孟子閒談。孟子問齊宣王：「大王總是集結全國的軍隊，讓將士們冒著生命危險去攻打別的國家，難道只有打敗了別的國家，您的心裡才痛快嗎？」

「不是的，我這樣做，只不過是為了統一天下，滿足我最大的欲望罷了。」齊宣王回答道。

孟子接著說：「喔！我明白了，大王最大的欲望是想征服天下，稱霸諸侯。但是，如果用你的辦法去滿足你的欲望，就好像爬到樹上去抓魚一樣，那肯定是徒勞無功的。」

「事情有那麼嚴重嗎？」齊宣王問。

「恐怕比這還要嚴重！爬到樹上去抓魚，最多就是抓不到魚，不會帶來什麼禍害。但是如果想用武力來滿足自己稱霸天下的欲望，不但達不到目的，還會帶來滔天的禍害。」

釋義 比喻方向、方法不對，就不可能達到目的。

近義 竹籃打水/水中撈月

反義 探囊取物/甕中捉鱉

造句 你想有所作為，卻又天天遊手好閒，東遊西逛，這和緣木求魚有何區別？

成語知識連結

魚是生活在水中的動物，要想抓到魚，只有到水中去撈才能得到。然而卻爬上樹去捉，什麼時候能捉到呢？所以解決問題要把握方向，如果基本方法都錯了，就永遠得不到正確的結果。

濫竽充數

戰國時期，齊宣王非常喜歡聽人吹竽，而且特別喜歡聽合奏，所以他下令在全國召集吹竽能手，組織樂隊為自己吹奏。

樂隊有優厚的待遇，所以很多人都想加入。當時有一位南郭先生，本身不會吹竽，但他聽說了齊宣王的嗜好，想乘機打混，於是就託人向齊宣王推薦自己，聲稱自己很會吹竽，技藝高超。齊宣王信以為真，就把他編在樂隊中演奏。每次吹竽的時候，南郭先生就混在裡面，拿著竽裝腔作勢。他一會兒鼓著腮幫，一會兒搖頭晃腦，顯出非常賣力

的樣子。雖然他根本沒有吹出聲，但也沒人發現。就這樣，一晃過了好幾年。

後來，齊宣王去世了，他的兒子齊湣王繼位。齊湣王也十分喜歡聽吹竽，但是他喜歡聽獨奏，而不喜歡合奏。南郭先生聽到這個消息後，害怕自己露出馬腳，立即偷偷的溜走了。

釋義 比喻沒有真實本領的人，混在行家隊伍裡充數，也比喻以次充好。

近義 魚目混珠

反義 名副其實/貨真價實

造句 我才疏學淺，在大學裡教書，只不過是濫竽充數罷了。

成語知識連結

倘若不會彈琴，硬著頭皮坐在那裡亂彈，內行人一聽，自然會被發現。只有具備真實的本領，才不怕被考驗；只要是虛假的東西就一定經不起檢驗。倘若你勤奮好學，掌握了很多知識，就不會害怕被難住。所以做學問要踏踏實實，認認真真，不能做「空頭的學問家」！

墨守成規

春秋時期，魯國的公輸般發明了一種新的攻城器械——雲梯，楚王想用它來攻取宋國。魯國的墨子主張兼愛、非攻，聽說楚王要攻打宋國，就來到楚國遊說楚王，讓他放棄攻打宋國的計畫。

墨子對楚王說：「楚國地大物博，宋國不過是彈丸之地，大王有華貴的馬車，為什麼還要去奪人家的破車呢？」但楚王並不想聽他的勸告。墨子說：「那好吧，就讓公輸般代表楚國，我代表宋國，我們來比試一下，看他能不能攻破城。」於是墨子和公輸般在宮廷中進行一次象徵性的較量。墨子解下衣帶，

用來象徵城牆，兩人各用一些小木片當做攻守的器械，一來一往的比試起來。公輸般運用他製造的雲梯攻打墨子防禦的城，一連攻了九次，都被墨子用守城的器械擊退。

公輸般十分氣惱，想殺掉墨子。墨子說：「你的攻城雲梯，我的三百

個徒弟早已研究透徹了，正在宋國的城頭等著你呢！你殺了我也不可能攻下城來的。」

楚王聽了墨子的勸說，最後終於放棄了攻打宋國的打算。

釋義 形容因循守舊，不肯改變。

反義 推陳出新

造句 數學老師從不墨守成規，經常能提出一些新的解題方法，激發大家的學習興趣。

熟能生巧

北宋時期，有一位名叫陳堯咨的人，認為自己的射箭水準很高，所以從來不把別人放在眼裡。

有一天，他正在家中園子裡練習射箭，過往的行人看他射箭很神準，都稱讚他是神箭手，陳堯咨聽後沾沾自喜。這時有一位年紀很大的賣油翁挑著擔子從這裡經過，聽到一陣叫好聲，就站在門口觀看。過了一會兒，老漢對周圍的人說：「這也沒有什麼稀奇的。」

陳堯咨聽了，很是氣憤，問他：「難道你也懂射箭嗎？難道我的箭術不高明嗎？」

老漢笑著說：「你的箭術很高明，這不過是你的手法熟練罷了。我雖不會射箭，但我的手法也很熟練。」說著老漢取出一個葫蘆，又取出一枚銅錢，把銅錢放在葫蘆口上，然後用木勺從油桶裡舀起一勺油，慢慢的將油倒入葫蘆，油自錢孔入，而錢不溼。眾人一看，連連拍手叫絕，陳堯咨非常慚愧。

釋義 熟練了，就能找到竅門。

近義 庖丁解牛/運斤成風

反義 畫虎類犬

造句 無論做什麼事，最開始總會有點生疏，但日子久了，就會熟能生巧。

噤若寒蟬

杜密是東漢人。他為官公正廉明、鐵面無私，凡是觸犯法律的人，他都會依法懲治，絕不手軟。同時，他也非常愛惜人才，只要是能為國為民做貢獻的人，他都會設法培養。比如，一位叫鄭玄的小官曾經由他推薦，到太學裡深造，最後成為著名的經學家。

有一年，杜密在打擊宦官集團的鬥爭中，因為得罪了權貴，被革職罷官，回到老家種田去了。儘管被罷了官，杜密仍然關心著國家大事，還向地方官推薦有賢才的人。後來，他的同鄉劉勝也告老還

鄉。可是劉勝是個不喜歡多管閒事的人，退了職就不再過問政事，也不接待來訪的客人。當地的官吏為此對杜密說：「劉勝是清高之士呀！」杜密說：「劉勝是什麼樣的人，做官的時候我就很清楚了。地位高，俸祿多，見到好人不理睬，見到壞人不做聲，就像秋天的蟬一樣，經常閉口不言，只求個人平安，對國家毫不盡力，這種人又有什麼可稱讚的呢？」

釋義　指像秋天的蟬，因寒冷而不再鳴叫。比喻人受到威嚇後，不敢說話。

近義　三緘其口

反義　口若懸河/侃侃而談/暢所欲言

造句　這人膽子太小，一到關鍵時刻就噤若寒蟬，一個字也說不出來。

黔驢技窮

從前，貴州這個地方沒有毛驢。有一位好事的人特意從外地買了一頭驢，花了好大力氣運到貴州。但是買回來以後，卻不知道怎麼使喚牠，就把牠放在山腳下。

有一天，這頭驢正在吃草，一隻老虎看見了，不知道這個又高又大的怪物是什麼，便遠遠的看著牠，不敢靠近。老虎偷偷的在一旁觀察幾天之後，放大了膽子，一步步靠近那頭驢。突然，驢大叫一聲，把老虎嚇得拔腿就跑。跑了很遠之後，見驢並沒有追趕過來，老虎也就放心了。又過了幾天，老虎發現驢除了會大叫幾聲之外並沒其他的特殊本領，就圍著牠轉來轉去，結果平安無事。

後來，老虎鼓足膽量，靠近這頭驢，並用身子去磨蹭驢的身子。驢大怒，飛起後蹄踢老虎一腳，老虎急忙閃躲，同時心中暗喜：這頭龐然大物，本領不過如此，沒有什麼可怕的。

老虎大吼一聲，猛然撲了過去，咬斷驢的喉嚨，把牠的肉吃個精光，然後心滿意足的走了。

釋義 比喻有限且拙劣的一點本事。

造句 看他抓耳撓腮的樣子，肯定是已到了黔驢技窮的地步，你就讓他幾分，給他留點面子吧！

螳臂當車

春秋時期，魯國的名士顏闔到衛國遊歷。衛靈公知道他很有才學，便打算聘請他當自己的長子蒯的老師。

顏闔早就聽說蒯非常蠻橫，經常欺壓良善，殘害無辜，衛國人都很害怕他。顏闔不知道自己是否可以教導他，就向當時衛國賢人蘧伯玉請教。

見了面，顏闔就對蘧伯玉說：「如果我答應了衛王，做他大兒子的老師，我不知道如何去管教他。如果我放任他，不引導他走正路，他一定還會繼續禍國殃民；如果我嚴加管教，他會忌恨我，藉機加害於我。我該怎麼辦？」

蘧伯玉回答說：「一次，我乘馬車外出，看見一隻螳螂張開雙臂，想憑自己的力量來阻

止車輪的前進，結果被車輪輾得粉身碎骨。你想去改變他的惡習，這個出發點是好的，但很可能到頭來落得自取滅亡的下場。」顏闔聽了，就拒絕了衛靈公的請求，偷偷回魯國去了。至於衛靈公的大兒子，由於肆意縱行，最終被人殺死。

釋義 比喻不自量力。

近義 蚍蜉撼樹/以卵擊石

反義 量力而行/泰山壓卵

造句 末代君主妄想恢復封建君主制度，是逆歷史潮流而行，無異於螳臂當車，不自量力。

成語知識連結

在其他昆蟲面前，螳臂顯得很威風。但是如果跟強大的馬車比，它不知弱小到哪裡去了！我們做事情要正確估計自己的實力，按客觀規律辦事，否則會碰得頭破血流！

鷸蚌相爭

戰國末期，趙國要派兵攻打燕國。燕國的謀士蘇代知道了，就去見趙惠文王，向他講述了一則寓言故事。

一個晴朗的夏天，一隻河蚌張開兩片蚌殼在河灘上曬太陽。一隻鷸鳥看見了，就伸出嘴巴去啄河蚌蚌殼裡的肉。河蚌遇到突然襲擊，急忙把蚌殼合上，鷸鳥的嘴巴被鉗住，拔不出來。鷸鳥支支吾吾的說：「臭河蚌，快張開你的嘴巴，否則，今天不下雨，明天不下雨，太陽就會曬死你。」河蚌說：「你的嘴巴被我夾住，今天不放你，明天不放你，活活餓死你。

釋義 比喻雙方相持不下，讓第三方乘機占了便宜。

近義 螳螂捕蟬，黃雀在後

造句 戰國時期，東方六國互相爭戰，結果鷸蚌相爭，漁人得利，它們逐一被秦國攻破。

」正當牠們不肯相讓的時候，一位老漁翁正好經過這裡，順手就把牠們捉住了。

蘇代接著說：「趙國和燕國勢均力敵，雙方一開戰，肯定是奮力拚殺，互不相讓，秦國就像漁翁一樣等在那裡坐收漁利。大王，您又何苦自取滅亡呢？」趙惠文王聽了蘇代的話，覺得很有道理，就放棄了攻打燕國的計畫。

有趣的成語遊戲

看了這麼多成語，現在試著用成語來玩遊戲吧！除了下面的遊戲，你也可以發明其他的成語遊戲，和朋友及家人一起玩。

一、新編成語故事

中國有十二生肖，你能說出有關這十二種動物的成語嗎？

例如：馬——萬馬奔騰，當然還有很多含有「馬」的其他成語。

你可以根據這個成語，構思一個故事。例如：萬馬奔騰，是一個關於好多馬奔跑的故事，這些馬從哪裡來？牠們為什麼在奔跑？牠們想到哪裡去？……。構思時可以天馬行空，盡情發揮你的想像力，再把這十二個故事串連在一起，你就可以創作出一本專屬於自己的成語故事書，然後把這些故事和家人和朋友一起分享！

二、成語接龍

成語接龍就是一個人說出一個成語，然後下一個人用這個成語的最後一字（或這個字的同音字）為字首，再說一個成語，就這樣首尾相連，一直接下去。你知道的成語越多，成語接龍就接得越長。試一試，看看你能接多長。

例如：

寵辱不驚——驚弓之鳥——鳥盡弓藏——藏龍臥虎——狐假虎威——威風凜凜……

三、成語猜謎

「猜謎語」是中華民族的傳統活動。尤其是節日裡，大家歡聚一堂，猜猜謎語，既怡情，又益智。在有趣的謎語世界裡，其中之一就是成語猜謎，以下提供成語謎題，你可以和家人或朋友一起玩猜猜謎遊戲。

◎題目：

1.打邊鼓	2.紙老虎	3.預言	4.水簾洞
5.望江亭	6.書蠹	7.飛雪	8.笑死人
9.五指	10.剃削	11.靶場	12.傘兵
13.初一	14.脫拉機	15.沐浴	16.刺繡
17.腹算	18.風涼話	19.四色	20.合唱
21.電梯	22.美夢	23.春蠶吐絲	24.短劍
25.導遊	26.照相底片	27.琴盒	28.風箏
29.無底洞	30.垃圾箱	31.兵書	
32.相逢何必曾相識		33.皇帝一人到花園看花	
34.泵	35.馬上相逢無紙筆		36.百花齊放
37.五句話	38.棄文就武	39.品	40.上林垂釣
41.空襲警報	42.魚尾紋	43.寸步不離	44.鐵公雞
45.三十六計皆用盡		46.殺雞取卵	47.爬樓梯
48.游泳比賽	49.九千九百九十九		50.律師貪汙
51.哥哥怕弟弟			

◎答案：倒過來看

1.旁敲側擊　2.外強中乾　3.未卜先知　4.口若懸河
5.近水樓臺　6.咬文嚼字　7.天花亂墜　8.樂極生悲
9.三長兩短　10.不勞而獲　11.眾矢之的　12.一落千丈
13.日新月異　14.吞吞吐吐　15.首當其衝　16.錦上添花
17.心中有數　18.冷言冷語　19.青紅皂白　20.異口同聲
21.能上能下　22.好景不長　23.作繭自縛　24.短兵相接
25.引人入勝　26.顛倒黑白　27.樂在其中　28.穿針引線
29.深不可測　30.藏汙納垢　31.紙上談兵　32.一見如故
33.孤芳自賞　34.水落石出　35.言而無信　36.萬紫千紅
37.三言兩語　38.投筆從戎　39.三緘其口　40.緣木求魚
41.一鳴驚人　42.近在眉睫　43.如影相隨　44.一毛不拔
45.無計可施　46.得不償失　47.步步高陞　48.力爭上游
49.萬無一失　50.知法犯法　51.後生可畏

四、比手畫腳猜成語

利用肢體動作表演成語，不能說話，讓其他人猜猜這個成語是什麼。這個遊戲很有挑戰性，也很有趣。表演成語時，動作一定要清楚，否則大家會看得一頭霧水，不知所云。